EIKE HARMS

Die Glücks Apotheke

ERPROBTE REZEPTE
FÜR DEIN LEBEN
VOLLER GLÜCK, LIEBE
UND ACHTSAMKEIT

WINDPFERD

Wichtiger Hinweis: Die in diesem Buch beschriebenen Methoden sollen ärztlichen Rat und medizinische Behandlung nicht ersetzen. Die in diesem Buch vorgestellten Informationen sind sorgfältig recherchiert und wurden nach bestem Wissen und Gewissen dargestellt. Dennoch übernehmen Autorin und Verlag keinerlei Haftung für Schäden irgendwelcher Art, die direkt oder indirekt aus der Anwendung oder Verwendung der Angaben in diesem Buch entstehen. Sämtliche Informationen in diesem Buch sind für Interessierte zur Weiterbildung gedacht.

1. Auflage 2018
© 2018 Windpferd Verlagsgesellschaft mbH, Oberstdorf
Alle Rechte vorbehalten

Kein Teil des Buches darf in irgendeiner Form oder zu irgendeinem Zweck elektronisch oder mechanisch, einschließlich Fotokopie, Recording und Wiederherstellung ohne schriftliche Genehmigung des Verlages wiedergegeben werden.
Der Verlag weist ausdrücklich darauf hin, dass er auf im Text enthaltene externe Links keinerlei Einfluss hat. Eine Haftung des Verlags ist daher ausgeschlossen.

Umschlaggestaltung: Jennifer Jünemann | www.bitdifferent.de
Verwendete Illustrationen: Cover: Francesco De Paoli, 123rf
Innenteil: Alexander Raths, 123rf
Lektorat: Sandra Cammann
Satz und Layout: Marx Grafik & ArtWork
Druck und Bindung: C. H. Beck, Nördlingen

Printed in Germany
ISBN 978-3-86410-191-5
www.windpferd.de

Inhalt

Vorwort   11

Einleitung   13

Kapitel 1 – Die Lösung deiner Ängste   17
    Diagnose: „Angst haben"   17
    Rezept: „Die Lösung deiner Ängste"   19

Kapitel 2 – Ein anderes Belohnungssystem   22
    Diagnose: „Suchtkrank sein"   22
    Rezept: „Ein anderes Belohnungssystem"   23

Kapitel 3 – Ein interessantes ausgeglichenes Leben   28
    Diagnose: „Keinen Lebenssinn sehen"   28
    Rezept: „Ein interessantes ausgeglichenes Leben"   29

Kapitel 4 – Die ALPEN-Methode und das Eisenhower-Prinzip   33
    Diagnose: „Zu viele Aufgaben im Leben haben"   33
    Rezept: „Die ALPEN-Methode und das Eisenhower-Prinzip"   35

Kapitel 5 – Erkennen und achtsam leben   40
    Diagnose: „Einen negativen Ansatz haben"   40
    Rezept: „Erkennen und achtsam leben"   41

Kapitel 6 – Arbeite deine Vergangenheit auf   44
    Diagnose: „Schwierige Kindheit"   44
    Rezept: „Arbeite deine Vergangenheit auf"   46

Kapitel 7 – Aktion und Achtsamkeit — 48
- Diagnose: „Das Leben geht an mir vorbei" — 48
- Rezept: „Aktion und Achtsamkeit" — 50

Kapitel 8 – Die „Fahrstuhlmeditation" — 54
- Diagnose: „Keine Entscheidung treffen können" — 54
- Rezept: „Die Fahrstuhlmeditation" — 55

Kapitel 9 – Frieden beginnt bei dir — 58
- Diagnose: „Unzufrieden und schlecht drauf sein" — 58
- Rezept: „Frieden beginnt bei dir" — 59

Kapitel 10 – Mehr Zeit haben — 61
- Diagnose: „Keine Zeit haben" — 61
- Rezept: „Mehr Zeit haben" — 63

Kapitel 11 – Ich entscheide mich glücklich zu sein — 64
- Diagnose: „Nicht glücklich sein" — 64
- Rezept: „Ich entscheide mich glücklich zu sein" — 65

Kapitel 12 – Erlebe dein Leben — 68
- Diagnose: „Konsumblindheit" — 68
- Rezept: „Erlebe dein Leben" — 70

Kapitel 13 – Achtsamkeit — 72
- Diagnose: „Verloren im Alltag sein" — 72
- Rezept: „Achtsamkeit" — 74

Kapitel 14 – Neuausrichtung — 76
- Diagnose: „Aber ich bin doch unglücklich!" — 76
- Rezept: „Neuausrichtung" — 78

Kapitel 15 – Achtsamkeit – ein zuverlässiger Weg — 81
- Diagnose: „Wenig Zeit für die Begegnung mit uns selbst haben" — 81
- Rezept: „Achtsamkeit – ein zuverlässiger Weg zu Gesundheit und körperlichem Wohlbefinden" — 84

Kapitel 16 – Körperentspannung 86
- Diagnose: „Unentspannt sein" 86
- Rezept: „Meditation Körperentspannung" 87

Kapitel 17 – Danke dir 88
- Diagnose: „Falsches Denken" 88
- Rezept: „Danke dir" 90

Kapitel 18 – Der Zielplan 92
- Diagnose: „Keine Ziele haben" 92
- Rezept: „Der Zielplan" 93

Kapitel 19 – Unterstütze dich selbst 97
- Diagnose: „Keine Unterstützung bekommen" 97
- Rezept: „Unterstütze dich selbst" 98

Kapitel 20 – Ohne Vergangenheit bist du sofort frei 101
- Diagnose: „An der Vergangenheit kleben" 101
- Rezept: „Ohne Vergangenheit bist du sofort frei" 103

Kapitel 21 – Strandmeditation 105
- Diagnose: „Keine Vorfreude verspüren" 105
- Rezept: „Strandmeditation" 107

Kapitel 22 – Sport treiben 109
- Diagnose: „Übergewicht haben" 109
- Rezept: „Sport treiben" 111

Kapitel 23 – Ein Leben in Meditation und Achtsamkeit 113
- Diagnose: „Freie Zeit erarbeiten – und was nun?" 113
- Rezept: „Ein Leben in Meditation und Achtsamkeit" 115

Kapitel 24 – Der Schlüssel liegt in der Stille 117
- Diagnose: „Rastlosigkeit verspüren" 117
- Rezept: „Der Schlüssel liegt in der Stille" 119

Kapitel 25 – Es lohnt sich zu kämpfen — 122
- Diagnose: „Am Resultat zweifeln" — 122
- Rezept: „Führe die Rezepte aus, auch wenn sie dir nicht immer schmecken" — 124

Kapitel 26 – Schlafen ist wie eine Meditation — 126
- Diagnose: „Zu wenig Schlaf bekommen" — 126
- Rezept: „Schlafen ist eine andere Form von Meditation" — 128

Kapitel 27 – Vergebung — 130
- Diagnose: „Sich selbst angreifen und nicht vergeben können" — 130
- Rezept: „Vergebung" — 133

Kapitel 28 – Das konkrete Ziel — 136
- Diagnose: „Die Wichtigkeit der Zielsetzung aus den Augen verlieren" — 136
- Rezept: „Das konkrete Ziel" — 138

Kapitel 29 – Gedanken der Angst — 141
- Diagnose: „Angstgedanken haben" — 141
- Rezept: „Haargummi" — 142

Kapitel 30 – Der Sinn beginnt in der Seele — 145
- Diagnose: „Sinnlosigkeit verspüren" — 145
- Rezept: „Der Sinn beginnt in der Seele" — 148

Kapitel 31 – Begib dich auf den Weg — 151
- Diagnose: „Nur Symptome bekämpfen" — 151
- Rezept: „Begib dich auf den Weg" — 153

Kapitel 32 – Verschwende deine Zeit — 156
- Diagnose: „Den Alltag mit den falschen Sachen füllen" — 156
- Rezept: „Verschwende deine Zeit" — 158

Kapitel 33 – Angst in der Praxis begegnen — 161
- Diagnose: „Die Angst im Alltag erleben" — 161
- Rezept: „Angst in der Praxis begegnen" — 162

Kapitel 34 – Transformation — 165
- Diagnose: „Den Kopf hängen lassen" — 165
- Rezept: „Transformation" — 167

Kapitel 35 – Entschleunigung — 169
- Diagnose: „Perfekt sein wollen" — 169
- Rezept: „Entschleunigung" — 170

Kapitel 36 – Achtsamkeitsmeditation — 174
- Diagnose: „Nicht richtig meditieren können" — 174
- Rezept: „Achtsamkeitsmeditation" — 175

Kapitel 37 – Die Zeit mit der Zeit — 177
- Diagnose: „Nichts mit der neuen Zeit anfangen können" — 177
- Rezept: „Die Zeit mit der Zeit richtig betrachten" — 178

Kapitel 38 – Kleine Schritte zum Glück — 183
- Diagnose: „Aber" — 183
- Rezept: „Kleine Schritte zum Glück" — 184

Kapitel 39 – Homebase finden — 186
- Diagnose: „Mit Gott hadern" — 186
- Rezept: „deine Homebase finden und glauben" — 188

Kapitel 40 – Loslassen — 192
- Diagnose: „An den Dingen haften bleiben" — 192
- Rezept: „Loslassen" — 194

Kapitel 41 – Positiver und negativer Stress — 197
- Diagnose: „Negativen Stress verspüren" — 197
- Rezept: „Positiver Stress" — 199

Kapitel 42 – Finde den Zugang zur Meditation — 202
- Diagnose: „Nicht den Zugang zur Meditation finden" — 202
- Rezept: „Wiedereinstieg in die Meditation" — 203

Kapitel 43 – Den Auslöser finden ... 205
    Diagnose: „Burn-out" ... 205
    Rezept: „Den Auslöser finden" ... 207

Kapitel 44 – Einen Tag relaxen ... 210
    Diagnose: „Immer unter dem Diktat des Alltags stehen" ... 210
    Rezept: „Einen Tag lang relaxen" ... 211

Kapitel 45 – Auf Stress reagieren ... 214
    Diagnose: „Stresssituation wählen" ... 214
    Rezept: „Achtsame Reaktion auf die Stresssituation" ... 215

Kapitel 46 – Beziehungen eingehen ... 219
    Diagnose: „Keine Freunde haben" ... 219
    Rezept: „Beziehungen zu Freunden eingehen" ... 220

Kapitel 47 – Atmen ... 222
    Diagnose: „Rastlosigkeit empfinden" ... 222
    Rezept: „Atme" ... 223

Kapitel 48 – Ein Moment ist mehr als ein Leben ... 225
    Diagnose: „Sich im automatischen Funktionsmodus befinden" ... 225
    Rezept: „Ein Moment ist mehr als ein Leben" ... 227

Danksagung ... 229

Über den Autor ... 230

Vorwort

Warum schreibe ich ein Buch mit dem Titel „Die Glücks-Apotheke"? Ganz einfach: Seit vielen Jahren spiele ich mit dem Gedanken, ein Buch über Glück, Liebe und Achtsamkeit zu schreiben. Bislang fehlte mir aber die zündende Idee, die mein Buch einzigartig macht. Doch dann kam ich eines Abends auf den Gedanken, Rezepte zu entwerfen. Die Rezepte waren Lösungen für Probleme, die ich aus eigener Erfahrung kannte.

Ich las viele interessante Bücher zum Thema Glück, Liebe und Achtsamkeit. Alle diese Bücher hatten interessante Inhalte. Erst nach einer Zusammenfassung der wesentlichen Punkte, konnte ich jedoch die für mich wichtigen Zeilen herausarbeiten und von den Inhalten profitieren.

Es fehlte mir ein Buch, was auf einfache Weise zu bestimmten Problemen eine Antwort in Form einer Hilfestellung hatte. So entstand die Idee der Glücks-Apotheke. Die Glücks-Apotheke zeigt zu vielen Alltagsproblemen einen einfachen Weg aus dem Dilemma – in Form von Rezepten. In diesen Rezepten verschreibe ich dir keine Pillen oder Spritzen, sondern gebe dir eine Anleitung zur Selbsthilfe. Alle Rezepte habe ich selbst entworfen und in meinem bisherigen Leben sehr erfolgreich angewendet. Sie bestehen aus Achtsamkeitstraining und Übungen, die deine Gedanken in Richtung Glück, Liebe und Achtsamkeit lenken werden.

Wie auch bei anderen Rezepten beinhalten einige meiner Lösungsansätze die gleichen Zutaten. Wundere dich nicht, wenn sich einige Dinge im Laufe dieses Buches wiederholen. Aus Weizenmehl lässt sich ja auch nicht nur herzhafte Pizza, sondern auch süßer Kuchen backen. Gleiche Zutaten, zwei gänzlich verschiedene Ergebnisse, aber beide lecker!

Das Vorwort möchte ich dazu nutzen auf den Begriff der Achtsamkeit einzugehen. Mit Liebe und Glück kannst du bestimmt etwas anfangen. Aber mit dem Wort Achtsamkeit hat doch der ein oder andere seine Schwierigkeiten.

Achtsamkeit ist für mich, das Leben intensiv in vollen Zügen und in voller Bewusstheit mit maximaler Einbindung des Geistes, des Denkens und des Körpers zu leben. Durch ein achtsames Leben kannst du dein Leben um viele Jahre verlängern und jeden Tag wie ein kleines in sich abgeschlossenes Leben genießen. Entschleunigung und bewusste Anwesenheit bei allen Dingen die du tust, bedeuten für mich Achtsamkeit.

Möge dir dieses Buch eine Hilfestellung im Leben sein und dir am Ende deine eigene Definition von Achtsamkeit geben.

Einleitung

Alles beginnt mit einem Gedanken. Alles was der Mensch jemals auf dieser Erde erschaffen hat, wurde zunächst von ihm gedacht. Somit haben auch alle deine Probleme ihren Ursprung in deiner Gedankenwelt.

Die gute Nachricht ist, dass du diese Gedanken zurücknehmen und dich stattdessen mit positiven Gedanken beschäftigen kannst.

Du selbst bist der Schöpfer deiner Wirklichkeit und kannst neue glückliche Gedanken erschaffen. Ich bin der Beweis, dass jeder mit der richtigen Gedankeneinstellung und den richtigen Übungen an sein Ziel kommen kann. Ich bin glücklich, voller Liebe und genieße jeden Tag voller Achtsamkeit.

Dass ich dieses Buch schreibe, kommt nicht von ungefähr. In meinem Leben habe ich viele Höhen und Tiefen durchlaufen. In meiner Kindheit erlebte ich Gewalt im Elternhaus. Später kam die große Karriere als Geschäftsmann, die allerdings mit der Aufgabe der Selbstständigkeit endete. Die Scheidung sowie der Zwangsverkauf des eigenen Hauses folgten. Diese Erfahrungen in meinem Leben waren im höchsten Maße lehrreich. Im Moment des Erlebens sicherlich keine einfachen Situationen. Trotzdem habe ich immer ein Rezept gefunden, um meinen Weg weiterzugehen. In deinem ganzen Leben tust du immer das, was du in der aktuellen Situation für dich als richtig empfindest. Deine folgende Handlung beruht auf Erfahrungen, die du bis zu diesem Zeitpunkt gemacht hast. Aus einer späteren Sichtweise würdest du vielleicht deine Taten gern ungeschehen machen. Wenn du dich aber in die damalige Situation zurückversetzt, wirst du feststellen, dass du auch in der damaligen Situation richtig gehandelt hast. Alles, was ich getan habe, war richtig. Mach auch du dir an dieser Stelle klar, dass alles was du bislang in deinem Leben gemacht hast, richtig war! Das möchte ich an einem Beispiel erläutern: Ein Mann beschimpft zu Unrecht seine Frau, weil der Kühlschrank leer und er hungrig ist. Er beschimpft sie, weil er in der Situation nicht anders kann. Wenn er anders könnte, würde er anders handeln. Er hat Erfahrungen in der Vergangenheit gemacht, die ihn zu dieser Handlung getrieben haben. Ich toleriere seine Handlung nicht. Dennoch ist mir bewusst, dass der Mann in dieser Situation nicht anders konnte.

Ein weiteres Beispiel: Du kündigst deine Arbeitsstelle, weil du mit dem Chef nicht auskommst. Du machst ihn für das schlechte Arbeitsklima verantwortlich und fragst dich nicht, warum andere Kollegen mit ihm besser auskommen. Viele Jahre später bekommst du eine andere Sicht auf die Dinge und würdest mit deiner Erfahrung mit deinem Chef über die angespannte Situation reden wollen. Du würdest ihn in einem offenen Gespräch deine Situation schildern und ihn höflich, aber bestimmt bitten, sein Verhalten dir gegenüber zu ändern. Zum damaligen Zeitpunkt fehlten dir jedoch die Erfahrungen, die du in der Zwischenzeit gemacht hast. Somit konntest du damals nicht anders reagieren und hast das getan, was du für richtig gehalten hast.

Meine eigene Lebenserfahrung, über 25 Jahre Meditations- und Achtsamkeitstraining, Therapiestunden für psychisch instabile und das Selbststudium rund um das Thema Glück und Achtsamkeit, machen mich zum Glücks-Apotheker. Wenn du meinen Empfehlungen folgst, wirst du ein glücklicher Mensch – ein Leben lang. An dieser Stelle sei noch einmal gesagt, dass Lesen allein nicht reicht. Du solltest auch die Übungen und Aufgaben machen, um zum Ziel zu kommen. Ich empfehle dir, darüber hinaus ein eigenes Tagebuch anzulegen, in dem du deine Erfolge und Rückschläge dokumentieren kannst. Meine Rezepte müssen nicht immer zu hundert Prozent auf deine Lebenssituation passen. Nimm in diesem Fall etwas weniger oder etwas mehr von meinen Rezepten, so dass du ein gutes Gefühl bekommst, um bereinigt und klar aus der Situation herauszugehen.

Jetzt wünsche ich dir maximalen Erfolg bei deinem eigenen Erfolgsweg voller Glück und Achtsamkeit.

Kapitel 1
Die Lösung deiner Ängste

Diagnose: „Angst haben"

In deinem Unterbewusstsein warten viele unverarbeitete Ängste darauf, von dir angenommen zu werden. Du willst dir viele dieser Ängste nicht eingestehen. In deinen Träumen und in Zeiten der Erschöpfung und des Stresses wirst du von diesen Ängsten oft heimgesucht. Es könnte sich zum Beispiel um die Angst handeln, den Job zu verlieren. Auch die Sorge, der Partner könnte fremdgehen, kann ein Auslöser für Angst sein. Manch einer hat Angst vorm Sterben oder davor, vom rechten Weg abzukommen. Viele Ängste beruhen auf schwierigen Erfahrungen aus der Kindheit, die nie positiv angenommen wurden. Von Missbrauch über Missachtung bis hin zu Ängsten, ob es wohl morgen Regen geben wird. Deine Ängste können vielschichtig sein. Wenn du deine Ängste nicht kennst oder sie kennst, aber verdrängst, bist du in diesem Buch genau richtig. Oft ist es so, dass die Ängste die du hast, unbewusst dafür sorgen, dass du dich in ein anderes Verhalten stürzt. Da wird der schüchterne Kollege im Büro zum Tyrannen; sobald er zuhause angekommen ist. Aber auch das Gegenteil – sehr passives Verhalten – kann durch Angst bewusst oder unbewusst ausgelöst werden. Durch deine Angst kann es also dazu kommen, dass du andere zwanghafte Verhaltensweisen an den Tag legst. Du entfernst dich somit ein weiteres Stück von deiner Seele.

Deine Angst ist wie eine rostige Stelle am Auto. Du kannst sie zwar durch andere Verhaltensmuster oder durch Schmerzmittel kurzfristig „übermalen", aber nach einiger Zeit kommen sie wieder an die Oberfläche.

All diese Ängste führen dauerhaft zu Krankheiten. Diese können Kopfschmerzen sein. Auch Depressionen sind nicht selten. Sodbrennen, Gallenkoliken und vieles mehr sind die Folgen einer dauerhaften Gesundheitsbelastung durch Angst. Da kann der leichte Termindruck schnell zu einer ausgewachsenen Angst ansteigen. Auch Kontrollverlust kann ein Auslöser sein, der bei dir zu Angst führt.

Angst ist nur ein Gedanke in deinem Gehirn. Er beruht auf Erfahrungen deiner Vergangenheit.

Dieser Satz sollte dir bewusst werden. Es ist ein Gedanke oder mehrere Gedankengänge, die diese Gefühle bei dir auslösen. Wenn du dieses Angstspiel lange genug trainierst, wird es zu chronischen Schäden bei dir kommen. Es entsteht ein Angstmechanismus, der sich automatisiert. Wenn du in einer Endlosschleife von Ängsten bist, kannst du nicht in Gedanken bei dir selbst sein. Wenn du dich also nicht um dich selbst kümmerst, sondern weiterhin krankmachende Gedanken hast, ist die Wahrscheinlichkeit hoch, zwangsläufig krank zu werden. Bedenke, die glücklichsten Menschen sind die, die achtsam bei sich selbst sind und jeden Moment der Gegenwart genießen können! Bislang hast du deinen Zustand der Angst nicht in Frage gestellt. Deine Gedanken haben eine tiefe Furche in deinen Gedankenbahnen hinterlassen. Doch du bist nicht deine Gedanken und du kannst dich jeden Tag neu entscheiden.

Sei ab sofort achtsamer mit dir und deinen Gedanken. Gib deinen Gedanken eine neue Richtung und verlasse die eingefahrenen Furchen.

Wenn du dich in diesen Zeilen wiederfindest, habe ich das passende Rezept für dich.

Rezept: „Die Lösung deiner Ängste"

Zunächst einmal solltest du dir an dieser Stelle noch einmal verdeutlichen, dass du nicht deine Gedanken bist. Du bist die Seele und der Kopf, der die Gedanken entstehen lässt. Du bist somit der Herr deiner Gedanken. Alle deine Gedanken sind geprägt durch deine Erlebnisse. Somit kannst du deine Gedanken auch wieder ändern. Genauso ist es mit deinen Ängsten: Du kannst deine Ängste in Freude verwandeln. Nachdem du zu der tiefen Einsicht gekommen bist, dass du Herr deiner Gedanken bist und somit auch in der Lage mit deinen Ängsten umzugehen, empfehle ich dir folgende Vorgehensweise. Erstelle eine Tabelle, in der du in der ersten Spalte deine Ängste in Form eines kurzen Satzes schreibst. Beispiel:

- Angst, die Arbeit zu verlieren
- Angst, dass mein Partner fremdgeht
- Angst zu sterben

In eine zweite Spalte, rechts daneben, schreibe den wahren Grund für diese Ängste auf! Wenn es keinen Grund gibt, schreibe auf, dass es keinen logischen Grund gibt! Beispiel:

- Ich bin noch nicht lange in diesem Job
- Es ist ein Gefühl – einen wahren Grund gibt es nicht
- Ich will lange leben und nicht früh sterben

In der dritten Spalte schreibst du die realistische Betrachtung. Wichtig ist, dass diese Betrachtung für dich logisch ist und einen Ausweg darstellt. Beispiel:

- Ich habe eine Kündigungsfrist von 3 Monaten und das Arbeitsamt überbrückt weitere 12 Monate. Somit habe ich genügend Zeit, einen neuen Job zu finden.

- Es ist nicht meine Angelegenheit mit wem mein Partner schläft. Es fällt nicht in meinen Entscheidungsbereich. Genauso wenig wie, ob es morgen regnet.

- Ich nehme mir vor, gesund und vital einhundert Jahre alt zu werden. Es ist durchaus möglich, früher zu sterben, dennoch nehme ich mir das vor!

Es ist wichtig, immer wenn die alte Angst kommt diese genau zu erkennen und von anderen Ängsten abzugrenzen. Du kannst den „Angstsatz" zum Beispiel laut sagen. „Ich habe Angst, die Arbeit zu verlieren." Dann nennst du dir selbst den erarbeiteten Grund für die Angst. „Ich bin noch nicht lange in diesem Job." Zum Schluss gibst du dir über die Betrachtung die Lösung deiner Angst. Sprich die Antwort in Gedanken oder laut in aller Ruhe und Entspanntheit! Entwickle ein Gefühl von Glück und Zufriedenheit, endlich die Lösung der Angst gefunden zu haben!

Es macht keinen Sinn, sich die Angst zu „verbieten" oder zu sagen, die Angst darf nicht da sein. Was du verneinst oder nicht haben möchtest, ziehst du automatisch an. Es ist das Gesetz der Resonanz. Der Satz „Die Angst darf da sein", hilft zunächst als Sofortmaßnahme. Dadurch kommt das Gefühl der Angst zum Fließen, so dass die Angst nicht bleibt und dich lähmt. Der erste Schritt ist das Zulassen des Satzes: „Die Angst darf jetzt da sein." Danach solltest du dich (wie vorher beschrieben) mit der Angst intensiv auseinandersetzen.

Aus eigener Erfahrung kann ich sagen, dass die Angst oft wiederkommt. Dann ist es wichtig, im Prozess zu bleiben und nicht abzuweichen. Wiederhole die gleiche Lösung immer wieder und vermische die Angst nicht mit anderen! Wenn du neue Ängste erfühlst, schreibe sie auf deine Angstliste! Ein Mentor sagte mir einmal: „Wo Liebe ist, da kann keine Angst sein." Arbeite liebevoll mit den Lösungssätzen für deine Angst. Sei froh, dass du eine Antwort auf deine zukünftige Angst hast.

Anwendung dieses Rezepts: Immer, wenn Gedanken voller Angst gedacht werden.

Kapitel 2
Ein anderes Belohnungssystem

Diagnose: „Suchtkrank sein"

Ein großes Laster von mir trug den Namen „Kaffee".

Aus gesundheitlichen Aspekten ist *Kaffeetrinken* nicht wirklich bedenklich. Dennoch habe ich es wohl ein bisschen übertrieben …

Immer wenn ich auf der Arbeit oder auch privat einen Erfolg erzielt hatte, oder es ein sehr anstrengenden Tag war, gab es einen Kaffee als Belohnung – dies kam beinahe täglich vor …

So pendelte sich meine Sucht nach Kaffee (meine Sucht nach dieser besonderen Belohnung) allmählich ein: Morgens zum Frühstück gab es Kaffee, zwischendurch eine Tasse, bei Geschäftspartnern tranken wir wieder Kaffee und so ging es den ganzen Tag weiter. Ich habe täglich mehr als eine Kanne getrunken und schwamm auf einer Welle des Koffeins durch den Tag.

Dies ging so weiter, bis ich meinen geistigen Standpunkt einmal genauer betrachtet habe.

Das *Kaffeetrinken* habe ich mit einer positiven Situation oder einer Belohnung gleichgesetzt. Mein Geist und meine Seele freuten sich über diese Belohnung.

Leider stellte ich bei näherer Betrachtung fest, dass mein Konsum zu einem Laster geworden war und ich mich in einer Spirale der Sucht befunden habe. Mein Körper war dauerhaft gepuscht, mein Puls war permanent erhöht und natürliche Signale meines Körpers wie zum Beispiel nach Pausen, wurden von mir überhört.

So konnte es nicht weiter gehen. Ich wollte nicht von etwas abhängig sein oder mich von so etwas kontrollieren lassen.

Rezept: „Ein anderes Belohnungssystem"

Wenn du auch ein solches Laster hast oder dir diese Situation bekannt vorkommt und dir so ein ähnliches Belohnungssystem aufgebaut hast, solltest du dich fragen, ob es nicht eine bessere Alternative gibt.

Eine der Hauptgründe, warum wir an schlechten Gewohnheiten wie in meinem Beispiel festhalten, ist, dass wir diese Gewohnheiten mit bestimmten Situationen verbinden wie einer Pause.

Ich habe mich entschieden mit dem *Kaffeetrinken* aufzuhören, weil ich merkte, dass ich mit dem vielen Koffein den natürlichen Draht zu mir selbst verloren habe und dass dieses Belohnungssystem für mich keinen Sinn mehr machte.

Nachdem ich von einem Tag auf den anderen komplett mit dem *Kaffeetrinken* aufgehört hatte, stellten sich starke Kopfschmerzen bei mir ein. Eine Woche später waren die Kopfschmerzen weg, aber das Verlangen nach Kaffee hielt noch eine weitere Woche an.

Eine Gewohnheit zu ändern erfordert einen starken Willen und Hilfestellung.

Ich habe dir ein paar Tipps und Tricks, von denen ich selber Gebrauch gemacht habe, aufgelistet.

Wenige Tage nach meinem Entzug ging ich zusammen mit einem Kollegen in ein Café, um gemeinsam Pause zu machen. Er wollte für uns die Getränke bestellen und hat mich gefragt, welchen Kaffee ich trinken möchte. Da wir gerade ein gutes Geschäft abgeschlossen hatten, befand ich mich sofort in einer dieser Belohnungssituationen wieder. „Das ist doch genau der richtige Moment um sich etwas zu gönnen", dachte ich mir. Es fiel mir wirklich sehr schwer, *nein* zu sagen, aber ich blieb stark und bat meinen Kollegen, mir ein Wasser mitzubringen.

Ich war stolz auf mich!

Wenn du in eine solche Situation kommst, atme tief durch, komm zur Ruhe und mach dir klar, was du dir vorgenommen hast und welche Abmachung du mit dir selbst getroffen hast! Bleib dir selbst treu!

Es ist von hoher Wichtigkeit, diese Abmachung schriftlich zu notieren.

Hier eine kurze Erklärung wie ich vorgegangen bin.

Ich habe mir ein DIN-A4-Blatt quer gelegt und in vier gleichgroße Spalten unterteilt.

Laster	Auswirkungen	Ausweg	Vorteile
Kaffeetrinken	Herzrasen, Magenschmerzen	Das ist kein Laster mehr von mir	Entspannt, glücklich, zufrieden

Links habe ich mein Laster aufgeschrieben, daneben welche negativen Auswirkungen dieses Laster auf mich hat. Dann habe ich notiert, dass dieses Laster ab sofort kein Laster mehr ist. Ganz rechts habe ich aufgeschrieben, welche Vorteile ich durch diese Änderung habe.

Durch diese Hilfestellung, die du auswendig können solltest, kannst du dir selbst in einer Situation, wo du kurz vor dem Rückfall stehst, helfen.

Der Vorteil muss in deiner schriftlichen Erklärung für dich wichtiger sein als das Laster.

Eine weitere Hilfestellung ist, dass du dich mit der Gegenwart beschäftigst und nicht mit der Zukunft.

Hierzu ein Beispiel: Als ich mit dem „Kaffeetrinken" aufhören wollte, dachte ich als erstes an meine Frau und wie sie wohl darauf reagieren würde – sie würde bestimmt versuchen, mich am Wochenende zu einer Tasse „Kaffee" zu überreden.

Meine Gedanken beschäftigten sich schon mit der Zukunft und hatten nichts mehr mit der Gegenwart, jetzt mit dem *Kaffeetrinken* aufzuhören, zu tun.

Also entschloss ich mich nur für diesen einen Tag mit dem *Kaffeetrinken* aufzuhören. Am nächsten Tag fasste ich den gleichen Gedanken neu auf und zwar wieder nur für diesen einen Tag.

Durch das aktive und geistige Verweilen in der Gegenwart bist du ganz bei dir – im Hier und Jetzt. Deine Gedanken erhalten Energie und du kannst deinen neuen gewählten Weg mit Leichtigkeit gehen.

Das Wochenende mit meiner Frau kam und natürlich fragte sie mich, warum ich keinen Kaffee trinken wolle.

Ich stellte mir genau in dieser Situation die Frage, wessen Angelegenheit es ist, ob ich Kaffee trinke oder nicht? Es ist natürlich ganz allein meine Angelegenheit. Es gibt immer Angelegenheiten, die dich betreffen – wie zum Beispiel, was du anziehst oder was du isst.

Es gibt Angelegenheiten deines Partners und es gibt Angelegenheiten, die du nicht ändern kannst wie: Das Wetter, die globale politische Lage oder den Tot eines Menschen. Somit erklärte ich meiner Frau, warum ich mit dem *Kaffeetrinken* aufgehört habe und dass ich auch für das Wochenende keine Ausnahme mehr machen werde.

Veränderung bringt auch immer Angst bei den Menschen in deinem Umfeld mit sich. Zeige Verständnis für die Angst deiner Freunde oder deines Partners. Halt dich aber dabei an deinen Lebensplan und an die Abmachung, die du mit dir getroffen hast!

Für die fehlende Belohnung, die ich mir durch das *Kaffeetrinken* verschafft habe, suchte ich nun nach einem Ausgleich. Wichtig war für mich, dass dieser Ausgleich nicht wieder ein Laster werden würde. Der Ausgleich brauchte auch nur in meinem Kopf stattfinden. Er durfte also nicht im Essen oder Cola trinken bestehen. Damit hätte ich das eine Laster nur mit einem anderen Laster erschlagen. Beim ersten Gedanken im Kopf an einen Kaffee oder eine Belohnung brauchte ich also eine Brücke bzw. eine Alternative.

Wie könnte so ein Ausgleich anstelle von Kaffee aussehen, fragte ich mich.

Ich habe mich für den Gedanken an Sport entschieden.

Da ich fast jeden Tag Sport mache, kann ich diesen Gedanken am Tag auch oft verwenden.

Mit viel Phantasie male ich mir dann aus, wie ich nach dem Sport mit einem tollen Gefühl ausgepowert in der Sauna sitze und meditiere. Das klingt im ersten Moment etwas schräg, aber auch für dich gibt es einen Ausgleich in deinen Gedanken. Entweder hast du schon etwas, auf das du dich an der Stelle deiner schlechten Gewohnheit freuen kannst, oder du suchst dir schon beim Aufschreiben in deinem Lebensplan ein neues Hobby.

Schlechte Gewohnheiten kann ich überwinden, indem ich für meinen Kopf eine gute Alternative finde.

Anwendung dieses Rezepts: Immer wenn der Suchtgedanke kommt.

Kapitel 3
Ein interessantes ausgeglichenes Leben

Diagnose: „Keinen Lebenssinn sehen"

Bevor ich meinen *Sinn des Lebens* gefunden habe, hatte ich meine Kraft nur auf einen Lebensbereich fokussiert. Dieser Bereich hieß *Arbeit*. Ich arbeitete mehr als 60 Stunden die Woche in der Firma und machte parallel noch ein Studium. Mein Körper und mein Geist haben dies auch eine ganze Zeit mitgetragen. Erst als ich mit Tränen in den Augen vor meiner Frau saß, wurde mir bewusst wo mich diese Lebensart hingeführt hatte. Meine gesamte Kraft investierte ich in Arbeit und Leistung. Das Leben besteht aber aus mehreren Bereichen, die nötig sind um ins Gleichgewicht zu kommen und in der Balance zu bleiben. Selbstverwirklichung, Körper und Gesundheit und Familie sind Bereiche, die mindestens genauso wichtig sind wie die Arbeit. Ich habe damals auch keinen Sport getrieben und somit im Bereich Körper und Gesundheit ein Vakuum erzeugt. Ich weiß von anderen betroffenen Personen, dass der Verlust der Arbeitsstelle in einer Situation, die ich oben beschrieben habe, fast zwangsläufig zu einer Lebenskrise führen muss. Die

Arbeit fällt weg und in den anderen drei Bereichen herrscht gähnende Leere. Wie soll man sich da selbst auffangen?

Vielleicht lautet deine Diagnose anders? Vielleicht hast du dich in den letzten Jahren immer um deine Familie gekümmert oder eine Person aus deiner Familie gepflegt? Auch hier kannst du durch die Überlastung im Bereich Familie deine Balance verlieren. Wenn du die ganze Zeit bei jemand anderem aus deiner Familie bist, kannst du nicht bei dir selbst sein. Es ist also von enormer Wichtigkeit, in allen vier Lebensbereichen die gleiche Energie zu investieren. Genau von diesem Thema handelt mein Rezept, wenn du den Lebenssinn verloren hast.

Rezept: „Ein interessantes ausgeglichenes Leben"

Zunächst geht es darum, die jetzige Situation genau zu erfassen. Damit ist eine *Bestandsaufnahme* gemeint. Ich habe dies gemacht, indem ich eine Excel-Tabelle entworfen habe. In dieser Tabelle habe ich alle Tätigkeiten unterteilt und nach vier Bereichen farblich (hier in Grauwerten) eingetragen.

Sinn und Selbstverwirklichung	=
Familie	=
Körper und Gesundheit	=
Arbeit	=

Ich stellte bei der Aufnahme der Ist-Situation fest, dass der Bereich *Arbeit* viel zu ausgeprägt war und ich mit dem Bereich *Sinn und Selbstverwirklichung* nur einen kleinen Teil meiner Zeit verbrachte. Nach dieser Bestandsaufnahme habe ich mir überlegt, wie die Aufteilung in Zukunft sein sollte. Dazu habe ich mir jeden Tag der Woche in Stunden unterteilt und in die Excel-Tabelle eingetragen. Zunächst dokumentierte ich meine Arbeit und habe die Stundenzahl begrenzt. Damit ich nicht wieder in den alten Ablauf zurück rutschte, habe ich mit den Rezepten „Die Lösung deiner Angst" und „Ein anderes Belohnungssystem" gearbeitet. Den Bereich Körper und Gesundheit habe ich in Schlafen, Sport und Meditation unterteilt. Diese drei Bereiche habe ich dann auch in die Excel-Tabelle eingetragen. Dann war der Bereich Familie und Freunde an der Reihe. Da ich nun ein Zeitfenster in der Woche für Familie und Freunde hatte, habe ich mir am Sonntag bei der Planung für die nächste Woche schon Gedanken gemacht, welchen Ausflug oder welche Aktivität ich mit der Familie unternehmen könnte. Ich habe auch den Kontakt zu Freunden wieder aufgenommen. Wenn ich heute in meinen Kalender schaue, stelle ich fest, dass die nächsten acht Wochenenden mit Freunden belegt sind. Darüber freue ich mich unglaublich.

Wie auch immer du dich entscheidest, diese vier Lebensbereiche zu füllen – wichtig ist eine Balance und Ausgewogenheit zwischen diesen Bereichen zu finden. Du wirst nach einigen Monaten feststellen, wie wohl und erfüllt sich dein Leben anfühlt. Es ergibt jetzt alles einen Sinn und du hast mehrere Stützpfeiler in deinem Leben erschaffen. Kontrolliere über die Liste immer wieder, ob du noch im Plan bist.

Ich habe auf der nächsten Seite einmal einen Ausschnitt meiner Excel Tabelle eingefügt

Wenn ich anderen Menschen von diesem Plan erzähle, höre ich oft: „Ich will mein Leben doch nicht so verplanen!" Das will ich auch nicht und das ist auch nicht das Ziel von diesem Rezept. Es geht darum zu planen, um eben

Wochenplanung

	Montag	Dienstag	Mittwoch	Donnerstag	Freitag	Samstag	Sonntag
10:30–10:45						Familie	Familie
10:45–11:00						Familie	Familie
11:00–11:15						Familie	Familie
11:15–11:30						Familie	Familie
11:30–11:45						Familie	Familie
11:45–12:00						Familie	Familie
12:00–12:15						Familie	Wochenpl.
12:15–12:30						Familie	Wochenpl.
12:30–12:45						Familie	Wochenpl.
12:45–13:00						Familie	
13:00–13:15							
13:15–13:30							
13:30–13:45							
13:45–14:00							
14:00–14:15							
14:15–14:30							
14:30–14:45							
15:45–15:00							
15:00–15:15						Familie	Familie
15:15–15:30						Familie	Familie
15:30–15:45						Familie	Familie
15:45–16:00						Familie	Familie
16:00–16:15						Familie	Familie
16:15–16:30						Familie	Familie
16:30–16:45						Familie	Familie
16:45–17:00						Familie	Familie
17:00–17:15					Familie	Familie	Familie
17:15–17:30					Familie	Familie	Familie
17:30–17:45					Familie	Familie	Familie
17:45–18:00					Familie	Familie	Familie
18:00–18:15	Sport	Sport			Familie	Familie	Familie
18:15–18:30					Familie	Familie	Familie
18:30–18:45					Familie	Familie	Familie
18:45–19:00					Familie	Familie	Familie
19:00–19:15			Familie	Sport	Familie	Familie	Familie
19:15–19:30			Familie		Familie	Familie	Familie
19:30–19:45			Familie		Familie	Familie	Familie
19:45–20:00			Familie		Familie	Familie	Familie

kein verplantes Leben mehr zu haben. Ich habe nach der Umstellung in meinem Leben mehr als doppelt so viel Zeit für die Familie und vor allen Dingen für mich selbst. Ich habe meiner Familie erklärt, dass ich auch Zeiten für mich brauche, aber auch mehr Zeit für die Familie habe. Somit sind Zeitfenster entstanden, die meine Familie akzeptiert. Wenn ich mich am Wochenende zum Lesen oder Meditieren zurückziehe, verstehen das meine Kinder. Sie wissen, dass es für mich wichtig ist und nur etwas geben kann, wenn ich auch etwas für mich tue. Was für die beiden „Spielen!" bedeutet. Ich kann dir nur aus eigener Erfahrung sagen, es lohnt sich diesen umfangreichen Weg zu gehen. Er wird dir unendlich viel Glück und Ausgeglichenheit bringen. Du wirst erfüllt sein und dich wundern, wie viel Zeit du auf einmal hast. Im Bereich Selbstverwirklichung habe ich mir ein Zeitfenster geschaffen, das ich zunächst nicht mit Aktivität oder Gedanken füllen wollte. Somit war dies eine Zeit, in der ich nur gelesen habe, da ich mir fest vorgenommen hatte, nicht in einen anderen Lebensbereich zu wechseln. Wenn du mit deiner neu gewonnen Zeit nicht in demselben Lebensbereich bleibst, wird dein Vorhaben scheitern. Du findest dich dann nach wenigen Wochen wieder am Samstag im Büro oder bist nicht beim gemeinsamen Abendessen.

Du wirst bald schon mit viel Freude und Glück deinen Tag beginnen und dich wie ein kleines Kind auf die neuen Aufgaben freuen.

Anwendung dieses Rezepts: Ausarbeiten und für drei Monate ausprobieren.
Bei Gefallen ein Leben lang weiterführen.
Es gibt keine Nebenwirkungen! Versprochen!

Kapitel 4
Die ALPEN-Methode und das Eisenhower-Prinzip

Diagnose: „Zu viele Aufgaben im Leben haben"

Ich habe lange überlegt, ob ich dieses Kapitel mit in das Buch aufnehmen soll. Da mir aber das Rezept sehr in meinem Leben geholfen hat und immer noch hilft, habe ich mich dafür entschieden.

Wenn du die Übersicht über deine Aufgaben verloren hast, könnte es damit zusammenhängen, dass du zu viele hast. Ich stellte meinem Mentor einmal die Frage: „Wie soll ich das alles unter einen Hut bekommen?" Er antwortete: „Gar nicht".

Er meinte damit, dass es nicht möglich sei, allen Anforderungen gerecht zu werden. Die Aufgaben, die du dir im Leben stellen kannst, sind unendlich. Dies ist wichtig zu verstehen. Wie viele Bereiche gibt es derzeit in deinem Leben? Hast du eine Familie? Wie sieht es mit Arbeit, Hobbys, Vereinen und ehrenamtlichen Tätigkeiten aus? Erstell auch hier einmal eine Übersicht, in welchen Hauptbereichen du in der Vergangenheit tätig warst! Wie viel Zeit hast du in den einzelnen Bereichen investiert?

Dann mach eine zweite Übersicht mit deinem Idealbild! Wie viel Zeit würdest du gern in dir wichtigen Bereichen verbringen. Überleg dir, ob dir wirklich alle Hobbys, die du hast – deine Arbeit oder der Verein – wichtig sind! Verkleinere deine Aufgaben!

Zu viele Aufgaben im Leben sorgen für Hektik und Stress. Diese bringen dich ins Ungleichgewicht und machen wiederum krank.

Deine Seele strebt nicht nach der maximalen Auslastung deines Körpers. Niemand – auch nicht das Universum – misst dich an deiner Auslastung im Alltag. Das machst nur du ganz allein. Du bist in Zwänge geraten oder verdrängst sogar ein Problem mit deinem Beschäftigtsein. Wer keine Zeit hat, hat keine Ruhe und Ausgeglichenheit. Bleib also dabei, dir dein Leben einmal genau in die oben genannten Teilbereiche zu zerlegen!

Es macht auch Sinn, einen Wochenplan zu erstellen und sich an den einzelnen Wochentagen immer wieder den Tag über Notizen zu machen, welchen Tätigkeiten du in welcher Länge nachgehst. Du wirst erstaunt sein, wo deine Zeit hinfließt. Mit so einer Übersicht hast du noch eine größere Chance, deine anstehenden Aufgaben in den Griff zu bekommen.

Für dein neues Leben kannst du sechzig Prozent der Zeit fest verplanen und vierzig Prozent der Zeit nicht verplanen. Die nicht verplante Zeit empfehle ich dir, in die richtigen farblichen Bereiche zu packen (siehe Wochenplan). Denk daran, niemals den geplanten Bereich in der Realität zu verlassen! Bleib eisern bei dem, was du dir im letzten Kapitel vorgenommen hast! Wie bereits am Anfang dieses Kapitels beschrieben, war ich mir nicht sicher, ob die folgenden Punkte aus dem Rezept wirklich in dieses Buch passen.

Das Glück, die Liebe und auch Achtsamkeit haben eigentlich vom Grundsatz her nichts mit diesen Dingen zu tun. Da du, der dieses Buch liest, aber im einundzwanzigsten Jahrhundert lebst, halte ich es für sinnvoll, auf das Thema einzugehen. Beschäftigen wir uns also nun mit den Möglichkeiten deinen

Berg an Aufgaben und Verpflichtungen in den Griff zu bekommen, um mehr Zeit für Achtsamkeit und dein wirkliches Lebensbild zu bekommen.

Rezept: „Die ALPEN-Methode und das Eisenhower-Prinzip"

In meinem Studium der Betriebswirtschaftslehre habe ich viele Dinge über Zeitmanagement erfahren. Zwei Dinge sind mir über die Jahre wirklich ans Herz gewachsen und Begleiter in meinem Alltag geworden: Die ALPEN-Methode und das Eisenhower-Prinzip. Die ALPEN-Methode benutze ich bei jeder Aufgabe, die ich habe. Das Eisenhower-Prinzip benutze ich am Anfang und am Ende eines jeden Arbeitstages.

Die ALPEN-Methode (Eigene Definition)

Aufgaben sauber notieren und das Ziel klar definieren.

Länge der Tätigkeit schätzen und neben der Aufgabe notieren.

Pufferzeit einplanen (60:40-Regel).

Entscheidungen treffen, wann am Tag die Aufgaben erledigt werden sollen. Bündelung von gleichartigen Aufgaben. Lange Aufgaben am späten Nachmittag. Eventuell „B-" und „C"-Aufgaben aussortieren. Prioritäten setzten (20%:80%).

Nachkontrolle der unerledigten Aufgaben.

Im Beruf und im privaten Leben gibt es unendlich viele Aufgaben. Da ist es erst einmal wichtig zu definieren, was jede einzelne Aufgabe beinhaltet. Somit ist der erste Schritt der ALPEN-Methode die genaue Definition der

Aufgabe. Nachdem du die Aufgabe klar mit einigen Stichpunkten umrissen hast, solltest du die Länge der Aufgabe schätzen. Das fällt vielen schwer und auch ich liege heute oft noch weit daneben. Es ist aber wichtig, damit du überhaupt erkennen kannst, welche Aufgaben du in deinem Zeitfenster an diesem Tag schaffen kannst. Als nächstes solltest du mit der Pufferzeit nur einen Teil von 60 % des Tages fest mit den dir vorliegenden Aufgaben verplanen. Es gibt ja noch genug Aufgaben die am Tag dazu kommen können. Eventuell hast du sogar eine genaue Übersicht der Dinge, die am Tag auf dich zukommen. Dann plane entsprechend dieser Informationen die Pufferzeit mit ein! Der nächste Schritt ist die Entscheidung, wann am Tag du die Aufgaben erledigen möchtest. Alle Aufgaben an diesem Tag sollten zusammengefasst nur 60 % der Arbeitszeit einnehmen. (Die übrigen Aufgaben sollten entsprechen des Eisenhower-Prinzips bearbeitet werden, dazu kommen wir gleich). Bleib bei den geplanten Aufgaben die, wie gesagt, 60 % deines Arbeitstages einnehmen! Diese sollten nun nach gleichartigen Aufgaben gebündelt werden. Die wichtigsten zuerst und umfangreiche Aufgaben mit viel Zeitbedarf zum Beispiel in die Zeit nach 14:00 Uhr verlegen. Dann ist das Tagestief überwunden und die wichtigen Aufgaben am Vormittag erledigt. Wenn möglich bei wichtigen zeitaufwendigen Aufgaben das Telefon umleiten und sich nicht stören lassen. So lassen sich umfangreiche Aufgaben, bei denen du dich hineindenken musst, besser bearbeiten. Ca. 30 Minuten vor Ende der Arbeit solltest du die Aufgaben, die du nicht geschafft hast, nach dem Eisenhower-Prinzip weiter einplanen. Somit hast du die Aufgaben komplett erledigt. Auch das Verschieben von Aufgaben, die du nicht geschafft hast, ist für diesen Tag erledigt. Es ist nichts Wichtiges liegen geblieben. Danach kannst du den Arbeitstag wirklich abschließen und mit dem Gefühl nach Hause gehen, alles geschafft zu haben. Dies geht aber nur, wenn du dich auch wirklich an die Methode hältst und nicht wieder in alte Gewohnheiten zurückfällst.

Eisenhower-Prinzip (Eigene Definition)

A-Aufgaben

Diese Aufgaben sind sofort und selbst zu erledigen. Sie können nicht aufgeschoben oder abgegeben werden. Sofort nach Beendigung der Aufgabensortierung damit beginnen! Diesen A-Aufgaben-Stapel mit Bedacht wählen!

B-Aufgaben

Diese Aufgaben sind auch selbst zu erledigen. Sie sind aber nicht sofort zu erledigen. Auch umfangreichere Aufgaben, die nur durch dich erledigt werden können, landen auf diesem Stapel. Wichtig ist es, diese Aufgaben in die Wiedervorlage auf den richtigen Termin zu legen. Eventuell müssen auch Personen, die mit dieser Aufgabe zu tun haben, über die Terminierung informiert werden. Bleib hart – die Aufgabe kann nur an dem von dir genannten Termin abgearbeitet werden!

C-Aufgaben

Dies sind alle Aufgaben, die nicht so wichtig sind und auch keine Eile haben. Diese Dinge an andere Personen weitergeben.
Das gilt auch fürs Privatleben. Aufgaben wie Abwaschen, Müll rausbringen und Bügeln sind auf die ganze Familie aufzuteilen. Erstelle einen Plan und vergib die Aufgaben an die Familienmitglieder! Wichtig ist es, insbesondere auf der Arbeit zu kontrollieren, ob die Aufgabe nach der von dir vorgegebenen Zeit auch erledigt ist. Die Kollegen freuen sich, wenn noch viel Zeit verbleibt, bis die Aufgabe erledigt sein muss. Wenn du immer auf den letzten Drücker kommst, wirst du keinen Beifall ernten.

Papierkorb
: Alle Dinge, die nicht in die drei Stapel gehören, landen im Papierkorb. Zeitschriften, die du schon immer mal lesen wolltest, die aber nun schon drei Monate auf dem Schreibtisch liegen, sollten in den Papierkorb. Projekte, die kaum einen Nutzen haben, sollten auch entsorgt werden. Nutze den Papierkorb als Befreiung.

Es gibt keinen fünften Stapel und auch keine Zwischenstapel. Betrüge dich nicht selbst! Bleib in diesem eisernen Schema, wenn du Erfolg haben willst! Lass dich bei dieser Sortierung nicht unterbrechen.

Ich bin inzwischen so weit, dass ich mir nur noch sehr wenig für den Tag vornehme. Es ist ein tolles Gefühl, einen leeren Schreibtisch zu haben und nach der Hälfte des Tages festzustellen, dass alles erledigt ist. Dann nehme ich mir die Aufgaben aus der Wiedervorlage. Die Wiedervorlage oder die Projekte, die ich mit dem Eisenhower-Prinzip geplant habe, liegen auch immer hinter mir auf einem separaten Stapel bzw. in Outlook auf Termin. Somit ist der Schreibtisch immer leer und nur der aktuell zu bearbeitende Vorgang liegt vor mir.

Einwände gibt es natürlich viele. Wenn das Telefon klingelt oder der Kollege mit fünf neuen Aufgaben durch die Tür kommt, ist doch die Ordnung schnell gefährdet?

Nein ist sie nicht. Du musst die neuen Vorgänge genau wie alles andere nach der ALPEN-Methode bearbeiten und dann durch das Eisenhower-Prinzip in deinen Tagesablauf eingliedern. Nimm dir die Zeit, Vorgänge so zu behandeln. Du wirst merken, dass du keinen Termin mehr vergessen wirst und immer alles rechtzeitig fertig hast. Du wirst freier und konzentrierter bei der Aufgabe sein, die du gerade bearbeitest. Es ist erwiesen, dass du nur eine Aufgabe machen kannst. Somit solltest du auch nur eine Aufgabe vor dir oder eine Maske auf dem PC offen haben.

Folge diesem Weg, und du wirst glücklich auf deiner Arbeit sein! Ich habe mit Ärzten und Bankangestellten gesprochen. Alle kannten diese Methode und wurden in der Anwendung geschult. Und schau dir die Arbeitsplätze dieser Personen an! Auch dein Chef hat eventuell einen leeren Schreibtisch. Das hat etwas mit Disziplin zu tun, die du auch an den Tag legen kannst.

Anwendung des Rezepts: Jeden Tag alle Aufgaben nach der ALPEN-Methode und dem Eisenhower-Prinzip bearbeiten

Kapitel 5
Erkennen und achtsam leben

Diagnose: „Einen negativen Ansatz haben"

Da ich mich schon seit vielen Jahren mit dem Thema des glücklichen Lebens beschäftige, höre ich oft bei anderen Gesprächen zu, um zu erfahren wie meine Umwelt ihr Leben gestaltet. Da höre ich Dinge wie „Das Wetter ist aber heute schlecht" oder „Wir bekommen bestimmt einen regnerischen Herbst" oder „Nein, mach das nicht, das gehört sich nicht". Ich denke dabei an meine Mutter, die sich in meiner Kindheit oft um mich gesorgt hat. Sorgen, was wohl aus mir wird oder warum ich mich so oder so verhalten habe. Sich Sorgen machen ist einer der Krankmacher Nummer eins. Es ist ein negativer Ansatz und führt nur zu Leiden bei dem, der sich Sorgen macht. Durch sich Sorgen machen wurde noch nie ein Mensch geheilt oder hat eine positive Einstellung erhalten. Nach dem Motto, gestern haben wir noch über das schlechte Wetter gesprochen, darum ist es heute schön geworden.

So funktioniert das Leben nicht! Mit einem negativen Ansatz oder Sorgen über irgendetwas kannst du nichts erreichen. Das ist wie ein leeres Glas oder die Suche nach einem schwarzen Loch und der Versuch hinein zu springen. Das gemeinsame Jammern mit anderen Personen führt zu absolut keinem Resultat. Auch das Reden über andere bringt niemanden etwas. Weder dir selbst noch deinem Gesprächspartner und schon gar nicht dem Betroffenen. Du siehst schon – es gibt viele negative Ansätze. Findest du dich in einer oder mehreren Zeilen wieder? Werde dir bewusst, dass dich dieser Ansatz zu nichts führt und schlimmer noch krankmachende Impulse mit sich bringt. Du wirst auch feststellen, dass du wieder einmal nicht bei dir in deinem Leben bist, sondern dich mit deinen Gedanken woanders befindest. Dadurch kannst du nicht gut für dich selbst sorgen. Beobachte dich, indem du achtsam in Gespräche gehst oder denkst. Stelle fest, ob du einen negativen Ansatz hast. Du kannst dich jeden Tag neu entscheiden und dich mit glücklichen, liebevollen Themen beschäftigen und dein Herz zum Lachen bringen.

Du entscheidest!

Rezept: „Erkennen und achtsam leben"

Es ist es von sehr großer Wichtigkeit in drei verschiedenen Angelegenheiten zu unterscheiden.

> Deine Angelegenheiten
> Die Angelegenheiten eines anderen
> Die Angelegenheiten des Universums oder Gottes

Du solltest dich mit deinen Angelegenheiten achtsam auseinandersetzten. Deine Angelegenheiten sind alle Dinge, die dich unmittelbar betreffen. Das sind Dinge wie dein Beruf, deine Hobbys, dein Glück, deine Liebe die du anderen gibst oder das was du sagst oder fühlst. Das sind alles Angelegenheiten, die nur dich betreffen. Hier sind ein paar Beispiele, damit du dir ein Bild machen kannst, was deine Angelegenheiten sind oder die Angelegenheiten von anderen: Das was dein Partner anzieht oder isst, ist nicht deine Angelegenheit. Auch dass der Nachbar laute Musik hört oder dein Sohn mit dem Rauchen angefangen hat. Es handelt sich bei diesen Dingen um die Angelegenheit anderer. Du wirst an dieser Stelle Einspruch erheben und sagen: „Aber die laute Musik stört mich und das Rauchen meines Sohns belastet mich." Genau diese Wortwahl zeigt es an. *Du belastest dich.* Der Nachbar hört laute Musik, weil er daran Spaß hat. Dein Sohn hat das Rauchen angefangen, weil es gerade angesagt ist. Alle diese Handlungen entstehen bei jemand anderen, der einen Grund hat, dies zu tun. Überlege genau, ob du dich mit diesen Dingen belasten willst. Laster sind ungesund und deine Meinung stimmt nicht zwangsläufig mit der Meinung deiner Mitmenschen überein. Verständnis und achtsamer Umgang sind hier die Lösung. Ich belaste mich übrigens mit gar nichts mehr. Ich verstehe meine Mitmenschen oder auch meine Kinder inzwischen voll und ganz. Das heißt nicht, dass ich alles genauso machen würde oder es gut finde. Zunächst einmal erkenne ich die Situation, und ich verstehe die Handlung. Wenn du etwas nicht verstehst, dann frage nach. Zum Beispiel den Nachbarn, warum er so laut Musik hört. Wenn du eine Antwort erhältst, wirst du verstehen, warum er laute Musik hört. Jetzt kannst du entscheiden, was du machen willst. Du wirst feststellen, dass der Nachbar sagt: „Oh, Sie haben die Musik gehört? Da habe ich die Anlage wohl etwas zu stark aufgedreht. Ich mache die Musik sofort leiser." Hättest du dich jetzt allein zu Hause aufgeregt, hättest du gar nichts geändert und außerdem einen negativen Beitrag für deine Gesundheit geleistet. Es ist so einfach und banal. Jeder kommt aus seiner Welt und hat seine Gedanken. Wir versuchen mit dem Mittel der Sprache zu kommunizieren. Es gibt verschiedene Kanäle der Kommunikation. Oft erreichen wir unseren Gesprächspartner auf einem anderen Kanal oder Sender. Wenn du auf der Sachebene mit deinem Kind sprichst, dein Kind aber auf der Gefühlsebene ist, kannst du dir ja denken was dabei herauskommt.

Es gibt auch noch Angelegenheiten des Universums oder die Angelegenheit Gottes. Hierbei handelt es sich um alle Dinge, die weder du noch jemand anderes beeinflussen kann. Zum Beispiel das Wetter. Darüber solltest du dir keine Sorgen machen oder eine negative Aussage treffen. Es gibt Dinge, die du nicht beeinflussen kannst. Es ist unlogisch, ein negatives Gefühl zu entwickeln oder eine Aussage wie „Mist, heute ist aber schlechtes Wetter – ich kann nicht rausgehen" zu treffen. Alle Angelegenheiten des Universums sind neutral und du kannst ihnen immer mit Glück und Freude begegnen.

Jetzt hast du einen ersten Eindruck über die drei Angelegenheiten bekommen und kannst verstehen, dass negative Ansätze ungesund sind. Das Rezept ist einfach: Erkenne zunächst in deinem Leben, um welche Angelegenheit es sich handelt! Im zweiten Schritt kannst du so lange fragen, bis du den Anderen wirklich verstanden hast und dann überlegen, wie du reagieren möchtest. Wenn du mit Liebe in Form einer positiven Antwort auftrittst, wirst du merken, wie sich dein Umfeld positiv verändert. Du bekommst positive Antworten zurück. Biete deinem Umfeld immer eine alternative Möglichkeit anstelle eines negativen „Nein" oder „Das will ich nicht".

Anwendung dieses Rezepts: Achtsam durch den Tag gehen, vor jeder Reaktion tief durchatmen und bewusst von Herzen reagieren.

Kapitel 6
Arbeite deine Vergangenheit auf

Diagnose: „Schwierige Kindheit"

Wie bereits berichtet, habe ich viele Jahre meines Lebens nur gearbeitet und alle anderen Bereiche meines Lebens vernachlässigt. Nur die Arbeit schien für mich wichtig zu sein. Die Arbeit hat auf lange Sicht natürlich zum Erfolg geführt. Dieser Erfolg wurde durch meinen Arbeitgeber belohnt. Es gab Lob und Anerkennung. Dieses Lob und diese Anerkennung sorgten dafür, dass ich mich noch mehr ins Zeug legte. Bis vor einigen Jahren habe ich immer gern die Story erzählt, dass mein Chef mir im zweiten Lehrjahr mitteilte, er würde mich gerne übernehmen, obwohl kein fester Arbeitsplatz nach der Ausbildung frei wäre. Seiner Meinung nach würde ich so gute Arbeit leisten, dass man mich halten und mit mir in die Zukunft gehen wolle. Dieser Satz und weitere Bestätigungen durch den Arbeitgeber trieben mich voran.

Erst viel später erkannte ich, woher diese Arbeitssucht kam. Die Wurzeln finden sich in meiner Kindheit. Jetzt wirst du sagen: „Das habe ich schon oft gehört – die Probleme kommen aus der Kindheit! Aber die Kindheit ist doch schon lange vorbei. Das habe ich doch schon lange hinter mir gelassen." Falsch! Die Kindheit haben wir nicht hinter uns gelassen. Das habe ich erkannt, als ein Mentor mir sagte: „Die Zeit heilt keine Wunden, die Zeit heilt genau genommen gar nichts!" Das bedeutet, wenn du unverarbeitete Situationen bzw. Gedanken aus der Kindheit hast, sind diese in deinem Handeln der heutigen Zeit immer noch präsent. Sie äußern sich jedoch oft anders als du dich in der Kindheit geäußert hast. Ich will dies einmal an meiner eigenen Geschichte belegen. Als Kind habe ich mir aufgrund großer Veränderungen in der Familie gegenüber meiner Mutter immer mehr verschlossen. Diese Methode war ein Ruf nach Liebe und Verständnis von mir an meine Mutter. Es fehlte die Anerkennung. Bald habe ich mit meiner Mutter überhaupt nicht mehr gesprochen. Meine Mutter konnte mit dieser Reaktion nicht viel anfangen. Somit begleitete mich der Drang nach Aufmerksamkeit und Anerkennung bis in mein Berufsleben. Erst dort habe ich die Anerkennung erhalten, nach der mein Geist und mein Herz verlangten.

Es geht hier nicht um Schuldzuweisung. Es geht um die Erkenntnis, dass die Zeit keine Wunden heilt und dass all deine Aufgaben und Probleme, die auf dich warten, aus der Vergangenheit herrühren. Wenn du an dieser Stelle auch noch eine Rechnung mit dir offen hast bzw. ein Punkt in der Vergangenheit ist, der nicht verarbeitet ist, habe ich das passende Rezept für dich.

Rezept: „Arbeite deine Vergangenheit auf"

Das Rezept hört sich einfach an, ist jedoch eine Angelegenheit, die einiges an Überwindung kostet. Es geht um die Aufarbeitung deiner Vergangenheit. Die Probleme hängen meistens an einer Person aus der Vergangenheit. Es handelt sich in den meisten Fällen um deine Eltern. Es gibt nun viele Wege, wie du deiner Vergangenheit begegnen kannst. Zunächst einmal ist es wichtig zu verstehen, dass diese Person aus deiner Vergangenheit, als *sie* gehandelt hat und nicht anders konnte. Denn wenn sie anders gekonnt hätte, dann hätte sie es getan.

Diesen Satz habe ich schon einmal früher in diesem Buch verwendet. Er ist von enormer Wichtigkeit, um den Prozess des Verstehens einzuleiten. Wenn jemand handelt – egal wie unwirklich oder gefährlich dies für dich aussehen mag – tut er dies aus innerer Überzeugung. Diese Überzeugung entsteht bei der anderen Person aufgrund ihrer Erfahrungen aus der Vergangenheit. Es ist von hoher Wichtigkeit, dies zu verstehen. Ich sage immer zu meinen Gesprächspartnern: „Ich verstehe dich." Dies ist ein Satz, der deinem Gesprächspartner zeigt, dass du ihn verstehst, es heißt aber noch lange nicht, dass du seiner Meinung bist. Wenn du also jemanden siehst, der zum Beispiel seinen Hund schlägt, was würdest du daraufhin in Zukunft aufgrund deiner Erfahrungen aus diesem Buch tun? Zunächst einmal erkennen, dass es sich nicht um deine Angelegenheit handelt und somit dich auch nicht betrifft. Mitleid an dieser Stelle hilft übrigens dem Hund auch nicht. Der zweite Gedanke sollte sein, dass der Mann, der seinen Hund schlägt, nicht anders kann! Jetzt hast du die Situation erfasst. Entscheide dich nun von Herzen, ob du den Mann ansprechen möchtest und ihn bitten möchtest, sein Verhalten in Zukunft zu überdenken! Bedenke, der Mann handelt aus Überzeugung, sonst hätte er sich anders verhalten! So, wie du den Mann ansprichst, wird seine Angelegenheit zu deiner. Möchtest du das? Wenn du auf den Mann zugehst, sollte der Ansatz freundlich und verständnisvoll sein.

Oder geh weiter und ignoriere die Situation! Du hast immer eine Wahl und wirst dich in jedem Fall für einen Weg entscheiden. Auch wenn du nichts tust.

Kommen wir zurück zu deinen Eltern. Auch hier hast du die Wahl, direkt mit deinen Angehörigen zu sprechen oder ihnen einen Brief zu schreiben. Du kannst den Brief auch nach dem Schreiben in der Schublade liegen lassen. Selbst wenn deine Eltern tot sind, kannst du einen Brief schreiben. Bring Verständnis für ihr Verhalten auf, auch wenn es aus deiner Sicht noch so unvertretbar war! Bedenke: Verständnis heißt nicht, dass du das Verhalten gut gefunden hast! Du wirst merken, dass sich ein neuer Kommunikationskanal öffnet, wenn du den Weg des direkten Gesprächs suchst. Danach wird es dir wesentlich besser gehen. Durch diese Aufarbeitung mit deinen Gedanken und deinem Herzen wirst du mit den Aufgaben, die du dir in deinem jetzigen Leben gestellt hast, besser umgehen können. Du wirst verstehen, warum du heute so handelst. Bestrafe dich nicht oder versinke in Depressionen, wenn du diese Erkenntnis erlangst! Du konntest bislang nicht anders handeln.

Dieses Rezept ist ein einmaliger Akt, wenn er bei dir den gewünschten Erfolg bringt.

Kapitel 7
Aktion und Achtsamkeit

Diagnose: „Das Leben geht an mir vorbei"

Ich habe viele Gespräche mit älteren Menschen geführt. Es wurde mir berichtet, dass das Leben immer schneller an ihnen vorbeiging, je älter diese Menschen wurden. Vielleicht kennst du das auch: In der Kindheit war ein Tag ein ganzes Leben. Heute sagst du am 31.12.: „Mein Gott, wo ist das Jahr geblieben?" Mit Gott hat das übrigens nichts zu tun, aber dazu später mehr. Dass die Tage in der Kindheit lang und später im Leben immer kürzer erscheinen, hat einfache Gründe. Ich möchte zwei wichtige Kernthemen dazu aufgreifen.

Zum einen werden Handlungen immer routinierter, zum anderen werden Herausforderungen und Erlebnisse unspektakulärer. Zum ersten Punkt möchte ich ein einfaches Beispiel anbringen: Du fährst eine unbekannte Strecke zu einem neuen Ziel. Auf der Hinfahrt kommt dir die Strecke lang vor. Auf dem Rückweg vergeht die Zeit gefühlt schneller. Genauso verhält es sich im Leben. Wenn du immer die gleichen Wege gehst, wird das Leben schnell an dir vorbeiziehen. Zum Thema Erlebnisse, denke einmal an deine Kindheit oder schaue dir deine Kinder an. Für unsere Kinder gibt es nur diesen Tag. Alle Ereignisse dieses Tages sind von hoher Wichtigkeit. Was Morgen ist, ist noch weit weg. Unsere Kinder leben in der Gegenwart. Sie sind achtsam.

Bei der Geburt haben wir alles Werkzeug an die Hand bekommen, das wir für ein achtsames Leben brauchen. In vielen Jahren trainieren wir uns diese Eigenschaft wieder ab. Du hast richtig gelesen: Durch unsere Erziehung und unsere Lehrer trainieren wir uns diese Eigenschaft wieder ab!

Unsere Kinder sind immer bei sich selbst. Wenn du nicht bei dir selbst bist, kannst du nicht gut für dich sorgen. Die Frage ist: Wo bist du? Bist du bei anderen? Bist du mit deinen Gedanken in der Vergangenheit oder in der Zukunft? Wenn du woanders bist, dann wundere dich nicht, wenn das Jahr im Flug vergangen ist. Du hast nämlich nichts erlebt.

Aus dem Denken sollte immer eine Handlung entstehen, damit du unvergessliche Erlebnisse schaffst. Wenn du mit deinen Gedanken bei anderen Menschen bist, in der Vergangenheit oder in der Zukunft, was willst du da erleben? Du kannst so nicht in der Gegenwart leben!

Dein Leben zieht wie in einem Traum an dir vorbei. Viele ältere Menschen erzählen aus ihrer Vergangenheit und nur noch wenig von aktuellen Dingen. Daran erkennst du, was mit ihnen passiert ist!

Kommt dir die eine oder andere Zeile bekannt vor? Dann hilft dir vielleicht folgendes Rezept.

Rezept: „Aktion und Achtsamkeit"

Dieses Rezept hört sich erst einmal widersprüchlich an. Das ist es aber nicht. Wenn dein Leben dir routiniert vorkommt und du dich nicht wie ein Kind auf die Ereignisse des Tages freust, solltest du ins Handeln kommen. Das Rezept heißt *Aktion*. Und genau so ist es auch gemeint. Schreibe dir Ziele auf, die du schon immer erreichen wolltest. Es sollten Ziele sein, auf die du dich wie ein kleines Kind freust. Räum alle Bedenken und Sorgen beiseite! Dein Leben hat keinen Platz für diese Dinge. Sich Sorgen machen, macht auf Dauer krank. Wenn du die Ziele aufgeschrieben hast, mache dich an ihre Umsetzung! Ich freue mich jeden Tag auf den Sport, den ich mache oder die Unterhaltung am Abend mit meiner Frau. Auch langfristige Ziele, wie der Besuch in der Therme, machen mich schon Tage vorher glücklich.

Der zweite Punkt dieses Rezeptes heißt Achtsamkeit. Achtsamkeit ist ein Wort, mit dem jeder etwas Anderes verbindet. Dies ist mir bei einer Unterhaltung mit einem sehr netten Kollegen auf der letzten Weihnachtsfeier bewusst geworden. Nachdem unsere Unterhaltung etwas verfahren war, habe ich ihn gefragt, was er mit Achtsamkeit verbindet. Er sagte: „Achtsamkeit heißt, wenn ich zum Beispiel an einer Ampel stehe und auf den Verkehr achte." Das stimmt auch im weitesten Sinn. Achtsamkeit ist jedoch viel mehr und bedeutet die dauerhafte Anwesenheit deines Denkens im Jetzt.

Versetze dich noch einmal gedanklich in deine Kindheit, wo du jeden Moment gelebt hast. Ein Nachmittag mit den Nachbarskindern fühlte sich an wie ein Monat. Dieser Gedanke ist dir eventuell heute immer noch sehr präsent. Begib dich wieder in eine solche Achtsamkeit. Im Folgenden schildere ich dir eine meiner Meditationen, die dir helfen werden, mehr Achtsamkeit in dein Leben zu bringen. Deine Gedanken werden automatisch mehr in Richtung Glück und Liebe gehen.

Die Waldmeditation

Geh in einen Raum, in dem du Ruhe hast und nicht gestört wirst! Setze dich im Schneidersitz auf ein Kissen oder begib dich in den Lotussitz! Mach deinen Rücken gerade und lege deine Hände in den Schoß! Die Hände ruhen ineinander, wobei sich die Daumen in der Mitte berühren. Überprüfe immer wieder in der Meditation, ob du gerade sitzt, die Finger sich noch berühren und alle anderen Muskeln entspannt sind! Insbesondere deine Schultern und dein Kiefer sollten entspannt sein. Wenn deine Daumen leicht zusammendrückst, bist du entspannt und hast keinen inneren Druck. Wenn die Daumen sich allerdings mit Druck begegnen, bist du in einer angespannten Situation. Schließe nun die Augen und atme durch die Nase in den Bauch (Bauchatmung) ein und langsam durch den Mund wieder aus! Solange bis sich dein Puls beruhigt hat und du zur Ruhe gekommen bist. Konzentriere dich dabei immer auf die Atmung, damit deine Gedanken nicht abweichen! Diese Meditation eignet sich besonders für Einsteiger, da du mit dieser Methode nicht in allgemeine Gedanken abschweifen kannst.

Begib dich nun in deinen Gedanken auf einen Waldweg! Du bist leicht bekleidet oder nackt – so wie du dich wohl fühlst. Deine Füße berühren bei jedem Schritt das weiche Moos auf dem Waldboden. Es ist warm und du fühlst die angenehme Wärme auf deiner Haut. Du siehst den Waldboden mit weichem Moos und die am Wegesrand stehenden Bäume. Du hörst Vögel zwitschern und die Geräusche des Waldes. (Ich höre bei dieser Meditation immer eine CD mit Waldgeräuschen.) Ein leichter Wind umspielt deinen Körper. Nach einer Weile mündet der Waldweg auf eine Lichtung. Du gehst in die Mitte der Lichtung und setzt dich in den Schneider- oder Lotussitz. Du sitzt jetzt genau so, wie du in deinem Zimmer sitzt – in der Meditation auf der Lichtung. Du bist nun in der Meditation und in dir angekommen. Beobachte den Wald am Rand der Lichtung: Er ist weit weg und du hast einen riesigen

Gürtel an freier Fläche zwischen dir und den Bäumen am Waldrand! Diese freie Fläche voller niedriger Gräser und Mose sind wie ein Schutzwall vor allen Dingen, die dort in der Ferne sind. Alle Gedanken, die in dieser Meditation in dir auftauchen, tauchen an diesem Waldrand in weiter Ferne auf. Sie können dich an dieser Stelle nicht erreichen. Du siehst sie kommen, kannst sie betrachten und lässt sie außerhalb der Lichtung an dir vorbei- und weiterziehen. Lasse einzelne Gedanken oder Gefühle los. Diese Lichtung ist ein Ort des absoluten unantastbaren Friedens. Alle Aufgaben oder Probleme können maximal bis an den Waldrand treten. Sie werden von dir umgeleitet und dürfen weiterziehen. Der Sinn hinter diesem Aufbau ist, dass du eine Sicherheit hast. Du bist einfach nur glücklich und merkst, dass du Herr deiner Gedanken bist. Du bist du. Die Gedanken sind außerhalb von dir.

Diese Erkenntnis hat mir unendlichen Frieden und Glück gebracht. Bei jeder Waldmeditation fühle ich tiefsten inneren Frieden und Glück. In diesem Moment bist du komplett bei dir und deiner Seele.

Auf der Lichtung fließt ein kristallklarer Bach, der aus einem See mit warmem Wasser kommt. Dieser See hat auch einen Wasserfall. Begib dich nun mit deinem Geist aus dem Körper und betrachte dich von allen Seiten, wie du dort sitzt. Beobachte wie du mit deinen Gedanken arbeitest. Beim ersten Mal war dies eine unglaubliche Erfahrung für mich. Ich habe in diesem Moment erkannt, dass ich wirklich nicht meine Gedanken bin. Ich konnte die Gedanken um mich herumleiten. Ich sah von oben auf mich herab und habe gesehen, wie meine Gedanken keinen Einfluss auf mein Glück hatten. Ich saß dort nackt auf der Lichtung und war einfach nur glücklich und zufrieden. Nach dem du dich eine Weile betrachtet hast, springe in den Bach und schwimme bis zum See. Spüre das warme Wasser um dich herum. Schwimme weiter durch den ganzen See zum Wasserfall. Schwimme solange du Lust hast. Wenn du am Wasserfall angekommen bist, stelle dich unter diesen Wasserfall. Das herabstürzende Wasser hat so viel Energie und Kraft, wie du noch nie zuvor erleben durftest. Nimm diese Energie in dich auf, spüre wie deine Akkus sich wieder füllen! Du kommst zu neuer Kraft und bist vollkommen entspannt. Wenn du genug Energie getankt hast, schwimm wieder zurück zu deinem Körper und vereine dich mit ihm auf der Lichtung! Du wirst Gänsehaut bekommen, wenn du dort wieder in deinem Körper Platz nimmst. Wenn du dich wiedergefunden hast und auch noch den ein oder anderen Gedanken an dir vorbeiziehen lässt, komm zurück an den Ort, an dem du in Wirklichkeit bist. Strecke langsam deinen Körper und öffne dann erst die Augen!

Für Kinder ist es einfach, sich in Geschichten, die von den Erwachsenen erzählt werden, hineinzudenken. Manche Geschichten werden dann sogar in ihrer Gedankenwelt zur Wirklichkeit. Erwachsene können sich an diese Eigenschaft erinnern – durch regelmäßiges Üben. Denk immer daran: Du hast die Wahl! Du kannst das Rezept ausprobieren oder sagen: Das ist nichts für mich.

Dieses Rezept mindestens 10 Mal in einer Zeit von vier Wochen durchführen. Die Zeit pro Sitzung sollte sich auf 15 Minuten belaufen. Bei Gefallen mit in den Alltag einbauen.

Kapitel 8
Die „Fahrstuhlmeditation"

Diagnose: „Keine Entscheidung treffen können"

Nicht nur an Wendepunkten im Leben stehst du vor schwierigen und umfangreichen Fragen. Auch im Alltag wirst du immer wieder mit Fragen konfrontiert, die dein Leben in die eine oder andere Richtung lenken. Es gibt zwei Möglichkeiten, deine Fragen richtig zu beantworten. Die eine ist die Beantwortung der Frage durch deinen ersten Gedanken – deine ursprüngliche Eingebung. Der erste Gedanken kommt immer von Herzen und ist somit immer der Richtige. Erst wenn dein Kopf zu deiner Herzensentscheidung von dir hinzugezogen wird, fängst du an zu zweifeln. Achte einmal in Zukunft darauf, wenn du mit einer Frage konfrontiert wirst. Atme nach der Frage tief durch und höre auf dein Herz. Formuliere den Satz aus und antworte bestimmt.

Die zweite Möglichkeit, die ich gern bei schwierigen Fragen zu Rate ziehe, ist eine Meditation, die mir von einem meiner Mentoren eigens für diesen

Zweck beigebracht wurde. Anfangs war ich skeptisch, da ich mit der Vorgehensweise nichts anfangen konnte. Aber die Erklärung, dass ich bei dieser Meditation sowohl meine männliche als auch meine weibliche Seite befrage, half mir zu verstehen. Du kannst dich für die eine oder die andere Möglichkeit entscheiden. Du kannst aber auch eine ganz andere Wahl treffen. Du wirst auf jeden Fall eine Entscheidung treffen. Die Frage ist nur, ob du dies bewusst oder unbewusst tust. Es gibt auch hier kein richtig oder falsch, sondern nur eine Herz- oder eine Kopfentscheidung.

Rezept: „Die Fahrstuhlmeditation"

Bevor du mit der Meditation beginnst, schreib deine Frage sauber auf einen Zettel! Unter der Frage schreibe nach einem kleinen Absatz die ausführliche Erklärung deiner Frage auf. Die Frage sowie die Erklärung solltest du auswendig wiedergeben können. Erst danach beginne mit der Meditation!

Meine erste Frage war, ob ich heiraten soll oder nicht. Die Frage war schwer zu beantworten, da ich in einer sehr schwierigen Zeit einen Antrag von meiner damaligen Freundin erhalten habe. Die Fahrstuhlmeditation brachte mir Klarheit und einen Ring an meinen Finger.

Wie auch bei der Waldmeditation benötigst du einen ruhigen Raum, wo du ungestört bist. Zünde dir eine Kerze an, setze dich in den Schneider- oder Lotussitz und nimm die gleiche Haltung wie in der Waldmeditation ein! Komm zur Ruhe und atme langsam durch den Bauch. Überprüfe auch bei dieser Meditation immer mal wieder deine Haltung! Wenn deine Atmung ruhig ist und die ersten Gedanken kommen und gehen, kannst du mit der eigentlichen Meditation beginnen.

Geh über einen langen Flur, zum Beispiel in einem Hotel, auf einen Fahrstuhl zu! Du hast deine bequemsten Klamotten an. Du bist innerlich entspannt und ruhig. Damit der Fahrstuhl kommt, drückst du den Knopf. Warte in aller Ruhe darauf, dass sich die Türen öffnen! Freu dich darüber, dass du heute Antworten auf eine wichtige Frage bekommen wirst! Wenn sich die Türen öffnen, gehst du hinein und drückst den untersten Knopf! Du bist allein. Die Türen schließen sich. Der Fahrstuhl fährt nun langsam immer weiter nach unten. Du siehst an den Stockwerken, dass du bereits unzählige Etagen nach unten gefahren bist. Nach einer langen Zeit hält der Fahrstuhl an. Nun kannst du aussteigen. Du gelangst in einen quadratischen Raum mit einem Tisch und zwei Stühlen. Außer der Fahrstuhltür siehst du noch zwei weitere Türen auf der anderen Seite des Raumes. Der Raum ist hell. Es gibt keine Möglichkeit sich abzulenken. Wenn du dich in Ruhe umgesehen hast, gehst du zur ersten Tür! Hinter dieser Tür befindet sich dein weiblicher Mentor. Du brauchst nicht zu überlegen. Der weibliche Mentor wird sofort einen Körper und einen Namen von dir bekommen. Es ist deine Mutter, deine beste Freundin oder jemand anderes. Begrüße freundlich deine Mentorin deiner Wahl. Nimm sie an die Hand und geh zum Tisch mit den zwei Stühlen. Setze dich mit ihr an den Tisch! Nach der Begrüßung sprecht ihr nicht miteinander, sondern lächelt einander nur an! Jetzt stellst du deine Frage mit Erklärung (wie du sie gelernt hast). Dann wartest du auf die Antwort deiner Mentorin. Du wirst erstaunt sein, wie klar und schnell eine Antwort von ihr bzw. von dir selbst kommt. Nach dem du die ausführliche Antwort erhalten hast, bedankst du dich und begleitest deine Mentorin wieder zurück zur Tür! Verabschiede dich! Danach gehst du zur anderen Tür und wiederholst das gleiche mit deinem männlichen Mentor! Es spielt keine Rolle, mit welchen der beiden du beginnst.

Nachdem du auch den männlichen Mentor verabschiedest und zur Tür begleitet hast, begibst du dich wieder zurück in den Fahrstuhl!

Voller Freude endlich die Antwort auf deine Frage erhalten zu haben, fährst du wieder nach oben! Wenn du den Fahrstuhl verlassen hast, kannst du die Meditation langsam beenden.

Es gab noch nie eine Frage, die ich mir auf diese Weise nicht beantworten konnte. Und es war immer die richtige Antwort.

Dieses Rezept immer verwenden, wenn du dir bei einer Frage unschlüssig bist.

Kapitel 9
Frieden beginnt bei dir

Diagnose: „Unzufrieden und schlecht drauf sein"

Diese Diagnose trifft mit sehr hoher Wahrscheinlichkeit auch auf dich zu. Unzufrieden und schlecht drauf warst du bestimmt schon einmal in deinem Leben. Prüfe, wie oft du dich am Tag unzufrieden oder schlecht fühlst! Schau auf die Auslöser! Woher kommen die Impulse? Bist du selbst jemand, der morgens schon mit schlechter Laune aus wirren Träumen erwacht? Oder ist es dein Partner oder der nervige Nachbar, der dir den Tag verdirbt? Finde den Auslöser für deine schlechten Gedanken! Unfrieden und schlecht drauf sein kann auch teilweise aus deiner Kindheit herrühren. Horche einmal genau in dich hinein und finde deine Unruhestifter! Mein Rezept ist diesmal kein grundlegender Ansatz, sondern ein einfaches Mittel, um diesem Unfrieden zunächst einmal zu begegnen. Du kannst dich entscheiden, dich dem Unfrieden oder der schlechten Laune komplett hinzugeben. So wie du es bereits unzählige Male in der Vergangenheit gemacht hast.

Du kannst der Situation aber auch neu begegnen. Von dieser Begegnung berichte ich in meinem Rezept. Freu dich über ein neues Werkzeug!

Rezept: „Frieden beginnt bei dir"

Dieses Rezept habe ich aus dem Buch „Du bist dein Guru". Eigentlich handelt es sich um ein Mantra. Aber ob du es jetzt Mantra, Rezept oder Friedenssatz nennst, spielt keine Rolle. Der Satz: „Frieden beginnt bei dir", ist eine Erkenntnis. Egal ob du im Büro sitzt, gerade aufwachst oder im Bus sitzt. Öffne deine Hände zum Himmel und berühre mit deinen Daumen deine Zeigefinger und sag „Frieden"! Danach wanderst du mit dem Daumen zum Mittelfinger und sagst „beginnt"! Dann weiter zum Ringfinger mit „bei". Und zum Schluss zum kleinen Finger und du endest mit „mir"! Diesen Ablauf kannst du viele Male wiederholen. Du wirst schnell merken, dass Frieden in dir einkehrt.

Du hast einen neuen Gedanken gefasst und dich für Frieden entschieden. Wo sonst als bei dir soll Frieden entstehen können? Wenn jeder Mensch von Herzen Frieden finden würde, hätten wir eine andere Welt. Es geht bei diesem Mantra nicht darum, dein Gehirn zu programmieren. Es geht darum, einen neuen Gedanken zu fassen. Alles was du tust, wird erst einmal von dir gedacht. Wenn du dich ständig mit Gedanken und Unfrieden beschäftigst, werden nur schlechte Gefühle dabei für dich herauskommen. Versuche es an dieser Stelle mit Frieden und du wirst sehen, wie du zur Ruhe und zu Kraft kommst! In schwierigen Verhandlungen oder Gesprächen, in denen mein Gesprächspartner aufbraust, öffne ich oft die Hände unter dem Tisch und beginne mit diesem Mantra. Das Gespräch nimmt sofort einen anderen Verlauf. Mein Gesprächspartner erkennt, dass ich freundlich und ausgeglichen reagiere und meine Kommunikation lenkt das Gespräch in eine andere Richtung. Auch hier ist es wieder an dir! Probiere es einfach mal aus!

Dieses Rezept jeden Morgen nach dem Aufwachen anwenden und immer dann, wenn Unfrieden in deinem Leben auftaucht!

Kapitel 10
Mehr Zeit haben

Diagnose: „Keine Zeit haben"

Im Büro ist der Schreibtisch übervoll. Die Kollegen überhäufen dich mit zusätzlicher Arbeit. Zuhause sollen die Kinder Hausaufgaben machen, wollen spielen und zum Sport gebracht werden. Im Garten müssen die Bäume ausgeschnitten werden. Der Keller soll aufgeräumt werden und die Frau wünscht sich einen gemeinsamen Tanzkurs. Abends geht es noch schnell zu einem Geschäftsessen mit Kunden. Am nächsten Tag klingelt um 5:30 Uhr schon wieder der Wecker. Du merkst, dass deine Zeit nicht ausreicht. 24 Stunden sind einfach zu wenig.

Um besser zu planen, nimmst du dir meinen Vorschlag aus diesem Buch zu Herzen, um die Zeit besser einzuplanen und mit Hilfe einer Excel-Tabelle und eines Kalenders effektiver zu werden. Dann stellst du aber fest, dass du die gewonnene Zeit in weitere Aktivitäten steckst und das Hamsterrad sich noch schneller dreht. Du bist deinem Ziel, Zeit zu haben, nicht einen Schritt nähergekommen. Die Zeit vergeht wie im Flug und du merkst, wie du dich immer weniger aus diesem Teufelskreis lösen kannst. Ziele und Wünsche, die einmal auf deiner Agenda standen, hast du nie in die Tat umgesetzt. Wie soll das auch gehen mit dem vollen Programm? Diese Problemstellung wird dich auf Dauer krank machen und dafür sorgen, dass du Magenschmerzen, Kopfschmerzen, eine Erkältung oder sonst etwas bekommen wirst. Wenn du dich noch ungesund ernährst und übergewichtig bist, kannst du es sogar bis zum Herzinfarkt schaffen. Du stellst dir Fragen wie: „Was habe ich falsch gemacht?"

Schaue dir an dieser Stelle andere Menschen an. Versuche zu begreifen, wie diese Menschen ihr Leben leben! Dein Kollege hat immer einen leeren Schreibtisch und kann immer pünktlich Feierabend machen. Deine Frau hat genügend Zeit für einen Kaffee mit Freunden am Nachmittag. Dein bester Freund hat sich bis vor einigen Jahren immer mal gemeldet, um einen Termin mit dir auszumachen (du hast dich bei deiner Absage immer gewundert, wo er die Zeit hernimmt).

Zunächst einmal ist es wichtig zu sehen, warum und wo du dich für diesen Weg bewusst entschieden hast. Der Ansatz sich besser zu organisieren war gut, du hast aber vergessen deine neu gewonnen Zeit für die richtigen Lebensbereiche frei zu halten. Schau noch einmal zurück in das Kapitel 3 – *Ein interessantes ausgeglichenes Leben*! Wenn du aus diesem Hamsterrad wirklich aussteigen willst, musst du an dieser Stelle noch einmal komplett neu ansetzen. Wie stehst du zu den Bereichen Hobbys, Selbstfindung, Muße und Sport? Mit dem folgenden Rezept will ich einen Sprung zum Ergebnis oder zum Ziel machen. Das Ziel heißt: *mehr Zeit haben* und diese mit Muße und nicht mit weiteren Aufgaben füllen.

Rezept: „Mehr Zeit haben"

Es ist wichtig, dass du ein Gefühl entwickelst, wie existenziell es für dich ist, die gleiche Zeit die du für die Arbeit und deine sonstigen Aufgaben verwendest, auch in Schlaf, Sport, Meditation und Selbstfindung zu investieren. Nur so wird die gewonnene Zeit auch zu einem Ausgleich für dich. Aus eigener Erfahrung kann ich dir sagen, dass du dieses Thema nicht halbherzig anfassen solltest. Ansonsten bist du in wenigen Wochen wieder am selben Punkt.

Ein Beispiel aus der Praxis: Um 17 Uhr habe ich einen Termin bei meinem Chef. Er möchte mir über die Geschäftsreise in die USA berichten. Ich sage ihm schon am Anfang des Gespräches, dass ich nur bis 17:50 Uhr Zeit habe, da ich noch einen sehr wichtigen privaten Folgetermin habe. Dieser Termin ist um 18 Uhr das Fitnessstudio. Das sage ich ihm natürlich nicht. Mein Chef erzählt mir ausführlich von der Reise, bleibt aber mit einem wachen Auge auf der Uhr, da er nicht möchte, dass ich meinen wichtigen Termin verpasse.

Die Begrenzung der Zeit und die Betonung der Wichtigkeit hatten zwei Effekte. Mein Chef hat den Bericht auf das Wesentliche beschränkt, und ich habe meinen neuen Lebensplan eingehalten.

Wer das Glück und die Zeit auf diese Weise sucht, wird es auch finden. Es bedarf aber einer gewissen Anstrengung und Bewusstheit, um dieses Ziel zu erreichen. Die Glücksmomente, wie der Einlauf im Ziel beim Marathon oder die Zeit, die ich mit dem Schreiben dieses Buches verwende, bestätigen mir, dass ich ausgeglichen bin und mein Leben im Flow ist. Ich habe viele Stützpfeiler gefunden, die mein Leben ausmachen.

Dieses Rezept verweist noch einmal ausdrücklich auf das Kapitel 3 – „Ein interessantes ausgeglichenes Leben"

Kapitel 11
Ich entscheide mich glücklich zu sein

Diagnose: „Nicht glücklich sein"

Wenn du dich zum ersten Mal richtig mit deinen Gefühlen auseinandersetzt, kann ich dir empfehlen, ein Tagebuch zu führen. Schreibe am Ende eines jeden Tages deine Gefühle in dieses Tagebuch! Wenn sich diese Gefühle um Hektik, Stress, Unzufriedenheit und Ärger drehen, ist es an der Zeit gegenzulenken.

Für unser Unglück machen wir gern andere verantwortlich – die Frau, die Kinder oder den Chef. Wenn du so denkst, hast du die Macht abgegeben und befindest dich in der Ohnmacht. Wenn du das beherzigst und dir dessen bewusst wirst, nimmst du das Zepter wieder in die Hand und führst selbst Regie in deiner Gefühlswelt.

Genauso wie das Mantra „Frieden beginnt bei mir", habe auch ich mir ein eigenes geschaffen.

Wie ich das gemacht habe? Zunächst einmal habe ich mir meine Gefühle angeschaut. Bei mir gab es in der Vergangenheit viel Hektik, Stress und Ärger.

Dann habe ich mir überlegt, welche Gefühle für mich wichtig sind, um diesen Situationen und Gedanken für mich richtig zu begegnen? Es waren die Gefühle *Achtsamkeit*, *Liebe* und *Glück*. Für mein eigenes Mantra habe ich das Wort Glück ausgewählt. Auch dieses Mantra ist kein langer Prozess des Übens oder des Studierens. Schau dir mein Rezept an, was mir gegen das Unglücklich sein und bei Gefühlen wie Hektik, Stress und Ärger immer hilft!

Rezept: „Ich entscheide mich glücklich zu sein"

Zunächst einmal möchte ich auf das Wort Glück eingehen. Was bedeutet Glück für dich? Was verbindest du mit Glück?

Das innere ursprüngliche Glück hat nichts mit Geld oder schnellen Autos zu tun. Alle materiellen Dinge haben nichts mit dem ursprünglichen Glück zu tun. Auch die Gedanken an die eigene Familie, Freunde oder das Haustier haben nichts damit zu tun. Es beginnt alles mit einem ersten Gedanken in dir. Somit bist du der Auslöser von deinem eigenen Glück. Anders kann Glück nicht funktionieren. Dieser erste Gedanke an jedem Tag, vor jeder Handlung oder vor jeder Entscheidung im Leben sollte immer Glück sein. Wenn du mit einer schwierigen Situation konfrontiert wirst, kannst du dich immer für Glück entscheiden. Diese Macht hast du.

Deine Gedanken werden dir sagen, wenn mein Mann mich anschreit, dann soll ich glücklich sein? Wenn mein Baby den ganzen Tag weint, soll ich glücklich sein? Wie soll das gehen? Du kannst dich entscheiden in jeder Situation glücklich zu sein.

Ein Freund von mir hat einmal gesagt, „Was soll denn im schlimmsten Fall passieren? Das schlimmste ist, ich könnte sterben und selbst das würde mein Glück nicht schmälern."

Auf einer Vorlesung habe ich einmal eine tolle Frage in diesem Bezug mitbekommen. „Was würde schlimmstenfalls passieren und wie wirkt sich das auf dein Leben in 10 Jahren aus?" Mit diesen Überlegungen kannst du deine Gefühle neu betrachten. Entscheide dich für Glück! Wenn du dich nicht für Glück entscheidest, wirst du dich auf jeden Fall für etwas anderes entscheiden. Keine Entscheidung zu treffen, ist dir nicht möglich!

Wenn du erst einmal die Entscheidung für Glück getroffen hast, wird dir auch Glück widerfahren. Wenn du dich jeden Tag innerlich für Glück entscheidest, wirst du eine Leichtigkeit verspüren und die Dinge gelassen angehen.

Das Rezept lautet also: „Ich entscheide mich, glücklich zu sein." Diesen Satz einfach nur zu sagen, wird dein Inneres noch nicht verändern. Ich empfehle dir aus meiner eigenen Meditationspraxis folgende Vorgehensweise:

Setze dich an einen stillen Ort, wo du nicht gestört wirst, vor eine Kerze! Begib dich in den Schneider- oder Lotussitz! Achte darauf, dass du etwas erhöht sitzt! Zum Beispiel durch ein Kissen oder eine Meditationsbank. Dein Rücken ist gerade, deine Schultern und dein Kiefer sind entspannt. Deine Augen sind geschlossen. Deine Hände liegen auf den Oberschenkeln. Deine Hände zeigen mit der Innenseite nach oben. Der Daumen berührt nun leicht und ohne Druck den kleinen Finger an der Spitze und du sagst dir in Gedanken „Ich". Dann wechselst du mit dem Daumen zum Ringfinger und sagst „entscheide". Daraufhin wechselt der Daumen zum Mittelfinger und du sagst „mich". Zum Schluss wechselt der Daumen zum Zeigefinger und du sagst „glücklich zu sein".

Diese letzte sanfte Fingerverbindung bleibt bestehen. Deine Gedanken werden langsamer und intensiver. Beide Hände arbeiten bei dieser Übung parallel. Nach einigen Minuten stellt sich Ruhe und ein inneres Glück ein. Ich muss oft bei dieser Übung grinsen, da das Glück förmlich aus mir herausbricht. Denke immer daran: Du bist nicht deine Gedanken – du erzeugst sie. Entscheide dich heute für positiven Gedanken!

Die Übung in der Meditation dauert 15 Minuten. Eine Anwendung ist aber auch jeder Zeit für wenige Sekunden möglich. Eine Langzeitübung sollte mindestens drei Monate täglich für 15 Minuten durchgeführt werden.

Kapitel 12
Erlebe dein Leben

Diagnose: „Konsumblindheit"

Wie viel Zeit verbringst du vor dem Fernseher? Schaust du jeden Morgen ausführlich die Zeitung durch? Wie steht es um deine Ernährung? Dies sind nur drei Beispiele für (aus meiner Sicht) falschen Konsum. Schauen wir uns diese drei beispielhaften Bereiche einmal genauer an. Zunächst einmal ist festzustellen, dass alle diese Dinge sehr leicht für nahezu alle Menschen in Mitteleuropa zugänglich sind.

Der Fernseher
Wenn du dir Fernsehsendungen anschaust, bist du nicht bei dir. Fernsehen ist ein Betäubungsprogramm für Geist und Seele. Betrachte einmal was passiert, wenn du zehn Jahre ferngesehen hast. Überlege, welche Auswirkung dies auf dein Leben hat?

Genau, überhaupt keine! Es ist tote Zeit. Wenn du nicht bei dir bist, kannst du nicht gut für dich sorgen. Das tägliche Fernsehprogramm legt einen

Schleier über dich. Aus diesem Grund habe ich vor vielen Jahren mit dem Fernsehen aufgehört.

Die Zeitung

Viele Jahre las ich täglich Zeitung. Vor einigen Jahren habe ich mich entschieden, keine Zeitung mehr zu lesen. In der Zeitung stehen viele Informationen, die eine negative Prägung haben. Es geht um Mord, Probleme anderer Menschen und viele Dinge, die mich in meinem Leben nicht weiterbringen. Wenn du auch solche Angewohnheiten hast, hinterfrage sie. Hinterfrage alles! Jede Tätigkeit in deinem Leben kannst du einzeln hinterfragen. Versuche es wie ich: Nutze deine Zeit für sinnvollere Dinge. Ohne die Tageszeitung geht es mir wesentlich besser. Mir fehlen keine Informationen. Dafür nutze ich die Zeit, um mit viel Achtsamkeit zu essen. Dies hat meiner Gesundheit sehr gutgetan.

Die Ernährung

Es ist einfach, beim Fast-Food-Restaurant zu essen oder sich abends Pizza zu bestellen. Auch das Essen aus der Dose ist schnell warm gemacht. Falsche Ernährung kann meiner Meinung nach zu Krebs, Allergien, Übergewicht und Herzinfarkt führen. Auch hier ist mein Tipp simpel: Ernähre dich ein Leben lang gesund! Dafür brauche ich kein Rezept am Ende dieses Kapitels schreiben. Wache auf und werde dir bewusst, womit du deinen Körper nähren möchtest! Höre auf niemand anderen als auf dich selbst! Es ist alles an Weisheit in dir. Ich habe mich entschieden, mich gesund zu ernähren. Es gibt viele gute Bücher zum Thema Ernährung, die den Einstieg in ein neues Gesundheitsbewusstsein erleichtern. Der Konsum von Fast Food hat mehrere Gründe. *Schnelles Essen* ist leicht zu bekommen. Auch die Kosten halten sich auf den ersten Blick in Grenzen. Wir wurden dazu erzogen, diese Dinge zu konsumieren. Du wirst jetzt wieder fragen: „Was? Meine Eltern haben mir das Fernsehen immer verboten und zu McDonald's ging es nur zum Geburtstag!" Aus diesem Grund ist es wie eine Belohnung für dich. Du wurdest durch künstliche Verknappung erzogen. Alles was deine Eltern von dir abhalten wollen oder wollten, wird zu dir kommen.

Rezept: „Erlebe dein Leben"

Mit dem Fernsehen aufzuhören ist sehr einfach. Wichtig ist für die entstehende Freizeit eine gute Alternative zu finden. Diese kann in gemeinsamen Aktivitäten mit der Familie liegen oder zum Beispiel in deine Fitness investiert werden. Beginn mit einem Alternativplan. Werde dir um die unbewusste Zeit beim Fernsehen bewusst! Willst du wirklich so leben?

Ein ähnliches Rezept habe ich für die Zeitung. Da ich die Zeitung immer beim Essen gelesen habe, habe ich mich entschlossen mich auf das Essen zu konzentrieren. Ich habe mir eine Stunde Zeit nur für das reine Essen gegeben. Wenn du dir so viel Zeit lässt, wirst du das Essen richtig genießen. Wenn du gut kaust, nimmst du deinem Körper einiges an Arbeit bei der Verdauung ab. Somit habe ich mit dieser kleinen Veränderung viel für mich getan. Finde diese nutzlosen Konsumdinge in deinem Leben und tausche sie aus.

Beim Thema Essen habe ich ein Beispiel aus eigener Erfahrung. Ich erziehe meine Kinder genau anders herum. Ich verknappe die Süßigkeiten nicht und erkläre die Folgen. Was denkst du, wie meine Kinder mit dem Thema umgehen? Genauso mit dem Fernsehen oder am PC spielen. Das dürfen meine Kinder auch so viel sie wollen. Ich gehe aber lieber im Sommer nach draußen und spiele auch noch als Erwachsener gern im Hof. Wo werden meine Kinder im Sommer lieber sein? Werde dein Vorbild für dein eigenes Leben und wenn du eine Herausforderung suchst, auch für deine Familie.

Hinterfrage deinen Alltag und finde deine Konsumschwächen. Finde eine Alternative, die dir Freude macht! Wende dieses Rezept solange an, bis du so lebst, wie du es möchtest!

Kapitel 13
Achtsamkeit

Diagnose: „Verloren im Alltag sein"

Im Titel dieses Buches steht das Wort *Achtsamkeit*. Achtsamkeit ist ein Wort, womit jeder von uns etwas anderes verbindet. An dieser Stelle möchte ich auf die Bedeutung von Achtsamkeit noch einmal ausführlich eingehen. Da es sich um eine Diagnose handelt, berichte ich zunächst, warum ich überhaupt auf dieses Thema gekommen bin. Bevor ich ein achtsames Leben führte, war ich im Alltag verloren. Mein Tag begann damit, dass ich sofort nach dem Wecker aufgesprungen bin und mit einem straffen Programm begann. Ich war mir selbst nicht mehr bewusst. Dieser Satz trifft es wohl am ehesten. Nach einem langen Tag fiel ich nur noch erschöpft und völlig übermüdet ins Bett. Die Aufgaben, die ich mir selbst stellte, bestimmten meinen Tagesablauf. Ich differenzierte meine Aufgaben nicht und machte mir keinerlei Gedanken um mein Leben. Da ich zu dieser Zeit nur meine Arbeit hatte und alle anderen Bereiche vernachlässigt habe, hatte ich auch keinen Gegenpol oder einen Bereich, wo ich einen Freizeitausgleich finden konnte. In diesem Moment war die einzige Lösung noch mehr zu arbeiten. Das mag für einen Außenstehenden komisch klingen, war aber in dieser Situation mein einziger Weg. Somit habe ich mich immer weiter im Alltag verloren. Viele Menschen gehen diesen Weg. Eine Familie wird gegründet, ein Haus gebaut und ein oder zwei Kinder gezeugt. In der Mitte des Lebens geht es vielen Menschen so wie es mir ging. Überforderung oder Überlastung führen zu Krankheit oder zu einem Zusammenbruch. Dies ist das erste oder eines von vielen Signalen, die uns unser eigener Körper gibt. Danke dir selbst für dieses Signal, auch wenn es noch so hart ist. Je früher du diese Signale erkennst, desto besser ist es für dich. Manch einer erkennt sie erst nach dem Herzinfarkt. Andere machen danach immer noch genau so weiter wie vorher. Wie gesagt, du hast immer eine Wahl und du triffst sie mit Sicherheit. Ich bin mir selbst unendlich dankbar, dass ich den Weg, wie ich ihn eingeschlagen habe, gegangen bin.

Auch du kannst an dieser Stelle – wo auch immer du im Leben stehst – zu dir selbst sagen: „Ich habe alles, was ich bislang gemacht habe, richtig gemacht!"

Nun ist es aber an der Zeit, einen anderen Weg zu gehen. Ich möchte in meinem Rezept auf die Achtsamkeit eingehen und dir ein Gefühl vermitteln, wie es ist, achtsam zu leben.

Rezept: „Achtsamkeit"

Achtsamkeit ist für dich unfassbar fern, wenn du vielleicht derzeit zwölf Stunden mit Arbeit verbringst oder in anderen umfangreichen Aufgaben verstrickt bist. Es bedarf schon einer starken Einsicht oder eines sehr starken Zusammenbruchs, um einen gänzlich anderen Weg zu gehen. Im Nachhinein ist das für mich alles logisch gewesen. Ein anderes Leben kann ich mir nicht mehr vorstellen. Wenn du aber gerade erst am Wendepunkt stehst oder noch davor bist, wirst du diese Einsicht nicht unbedingt teilen.

Ich möchte versuchen, dich in die Achtsamkeit zu führen.

Achtsamkeit verbinde ich mit der Seele. Wir bestehen aus der Seele, dem Körper und dem Geist. Bei der Achtsamkeit musst du erst einmal Zugang zu deiner Seele finden. Um die Seele zu erfahren benötigst du den Geist.

Ich kann dir empfehlen, dir ein Bild davon zu machen. Ich stelle mir einen Energieball vor, der unendlich viel Energie hat. Dieser Energieball hat die Form eines Kristalls der in der Mitte meines Körpers existiert. Es ist meine Seele, die immer da ist. Diese Seele nimmt keine Wertung vor. Die Seele will sich erkennen. Das geht nur über Erfahrungen und Erkenntnisse. Diese Erfahrungen kannst du unmöglich alle selbst machen. Die Erkenntnisse und Erfahrungen von alten Meistern oder weisen Menschen sind an dieser Stelle eine große Hilfe zur Selbsterkenntnis und dem Bewusstsein deiner eigenen Seele. Die Seele weiß nicht, was gut oder schlecht ist. Sie ist einfach. Dieser Energieball ist mein Fels in der Brandung, mein unantastbares Inneres. Für den ein oder anderen ist hier die Aussage „Ich bin ein Teil von Gott", die richtige Betrachtungsweise. Meine Seele ist unabhängig von meinem Körper und auch von meinem Geist. Was ich nun mit meiner Seele machen kann, ist mir selbst überlassen. Ich kann die Seele ignorieren oder mit Dingen, die nichts mit mir zu tun haben, überlagern. Davon handelt dieses Buch.

Es war schon immer alles in dir. Du hast nur vergessen, dass es da ist. Als wir Kinder waren, war die Seele immer präsent. Wir haben von Herzen oder aus der Seele gehandelt. Es gab nur die Seele, einen gesunden Körper und einen Geist, der sich langsam entwickelte. Überprüfe, wo du heute stehst. Wo ist deine Seele, wie sieht dein Körper aus und wie hat sich dein Geist weiterentwickelt? Vielleicht wird dir jetzt etwas bewusster, dass du eine Seele hast. Die Ressourcen deiner Seele sind unbegrenzt. Diese ist für mich immer noch unbegreiflich schön. Ich bin gerade erst am Anfang, durch die Achtsamkeit diese Ressourcen zu begreifen und für mich zu nutzten. Alle Meister unserer Erdgeschichte haben sich dieser Quelle bedient. Du gelangst zu deiner Seele, wenn du an dich selbst glaubst und dich achtsam nach innen wendest. Nur durch den Blick in dein Inneres wirst du deine Seele finden.

Übernimm die Führung in deinem Leben. Wenn du deine Seele wiedergefunden hast, übe dich in Achtsamkeit. Wie durch ein Wunder wirst du den richtigen Weg gehen, die richtigen Gedanken fassen und die richtigen Worte finden. Ich selbst bin ein Kind, das dieses Wunder erfahren durfte. Ich bin glücklich, achtsam und voller Liebe.

Der Schlüssel zu diesem Leben war die Wiederentdeckung meiner Seele.

Begib dich – jetzt in diesem Moment, wo du diese Zeilen liest – auf den Weg zu deiner Seele! Glaub mir, es wird sich für dich lohnen!

„Du wirst in jedem Fall eine Entscheidung treffen."

Wenn du ein Gefühl für die Achtsamkeit erlangt hast und deine Seele entdeckst, bring diese Erkenntnis in deine Meditationen ein und du hast ein weiteres Puzzleteil zum Glück!

Kapitel 14
Neuausrichtung

Diagnose: „Aber ich bin doch unglücklich!"

Gerade in den ersten Monaten der Neuausrichtung oder dem Versuch dein Leben zu ändern, wirst du in alte Muster zurückfallen. Es ist ganz natürlich, dass die alten Wege, die du bislang genommen hast, nicht von einem auf den anderen Tag ohne Übung und Einsicht neu gegangen werden können. Somit wird der Tag kommen, an dem du schlecht gelaunt oder auch unglücklich bist. Deine Kinder schreien, du bist zu einem Termin spät dran etc. Zunächst einmal darfst du dir bewusst werden, dass du in einer solchen Situation gelandet bist. Lass deine Gedanken zu und dann weiterziehen! Es wäre falsch, an dieser Stelle zu sagen: „Ich hatte mir doch etwas anderes vorgenommen. Jetzt bin ich vom Weg abgekommen ..." Wenn du schon in der Situation bist, ist es bereits zu spät. Es ist, wie es ist. Der Zustand des Unglücklichseins ist schon eingetreten. Somit wird es nicht möglich sein, diesen mit negativem Widerstand wegzuzaubern. Du erreichst damit nur das Gegenteil. Hinterher bist du noch frustrierter, weil du sauer bist. (Alles was du denkst verstärkst du.)

Negative Gefühle sind oft dauerpräsent oder kreisen im Kopf wie ein Gedankenkarussell. Um diese in Fluss zu bekommen, musst du sie bejahend denken. Zum Beispiel „Ja, ich habe Angst oder ja, ich ärgere mich." Sagst du jedoch das Gegenteil „Nein, ich habe keine Angst", bestärkst du das Gefühl von Angst und es bleibt. Es klingt paradox, aber um es zu fühlen, musst du es ausprobieren.

Stelle dir selbst die Diagnose, dass diese Gefühle nur in deinen Gedanken sind. (Übrigens wirken diese Gedanken auch gleichzeitig unbewusst auf deinen Körper. Wundere dich also nicht über deine Kopfschmerzen am Abend oder den Krebs, den du in zwanzig Jahren hast.) Dies aber nur am Rande.

Es ist wichtig zunächst als allererstes zu erkennen, dass es sich wie beschrieben nur um Gedanken handelt. Du bist der Erschaffer deiner Gedanken. Somit hast du den ersten Schritt getan. Gefühle erkennen und das Wissen, dass du diese Gedanken erschaffen hast.

Jetzt sagst du: „Aber meine Gedanken kommen doch automatisch und sind das Ergebnis meiner Erfahrungen." Das ist richtig, aber gehe gedanklich an dieser Stelle noch etwas weiter! Deine Erfahrungen kommen aus deiner Vergangenheit. Es ist auch richtig, dass deine Erfahrungen dein Denken und Handeln beeinflussen. Da stimme ich dir zu. Jedoch bist du gerade beim Lesen dieses Buches und machst eine neue Erfahrung. Diese Erfahrung kannst du durch Meditation und Achtsamkeitstraining zu einer sehr mächtigen Erfahrung machen. Eine Erfahrung, die alles bislang Erlernte in den Schatten stellt.

Rezept: „Neuausrichtung"

Wenn du dich neu ausrichten willst und wirklich bereit bist, neue Erfahrungen voller Liebe, Glück und Achtsamkeit zu erfahren, wirst du neue Wege gehen müssen. Und glaub mir, dein Umfeld wird dies nur schwer verstehen!

Du bestehst aus drei *Dingen*: deiner Seele, deinem Körper und deinem Geist. Du hast einen Geist! Damit kannst du denken. Das ist der entscheidende Unterschied. Mache dich also nicht weiterhin zum Sklaven deiner negativen Erfahrungen. Wenn du (wie auch ich) deine Seele gefunden hast und über viele Meditationen hinweg ein genaues Bild deiner Seele hast, hast du den ersten Schritt getan. Laut Quantenphysik bestehen wir Menschen aus Atomen und bei genauerer Betrachtung bestehen alle Atome aus reiner Energie. Somit ist es nur natürlich, dass unsere Seele aus reiner Energie besteht. Arbeite täglich an dieser Erkennung deiner Seele. Sie ist der Ursprung von allem in dir und völlig neutral. Sie ist einfach nur reines Glück und reine Energie. Dann gibt es noch deinen Körper. Dein Körper sollte den reinen Zustand wie aus deiner frühen Kindheit haben. Denke zurück oder siehe dir kleine Kinder an. Sie sind kerngesund! Die meisten Menschen behandeln ihren Körper wie eine ungewollte Maschine. Ernähre dich gesund und treibe täglich Sport! Du wirst sehen, wie gut es tut, gesund zu sein. Ich habe gelernt mich ungesund zu ernähren. Das haben meine Eltern nicht bewusst getan. Dennoch haben sie durch künstliche Verknappung und durch das Vorleben meine Erfahrungen geschmiedet. Erst viele Jahre später habe ich diese Erfahrungen überprüft und geändert. Heute lebe ich ein gesundes und sportliches Leben. Überprüfe auch bei deinem Körper den Gesundheitszustand. Wie sind deine Erfahrungen mit gesunder Ernährung und dem gesunden Umgang mit deinem Körper? Kein Mensch – wirklich keiner – kann mir erzählen, dass es normal ist, wie sich die meisten Menschen verhalten. Sie haben sich ein völlig falsches Gedankenkonstrukt aufgebaut und vererben dies an die nächste Generation weiter. Kennst du irgendein Tier oder eine Pflanze in der Natur, die so handelt? Kennst du einen Baum oder ein Reh im Wald, die ihrem Körper so etwas antun würden? Wach auf und denke um! Du hast die Wahl, dich ab diesem Moment neu zu entscheiden. Fang an, deine Erfahrungen durch neue Erfahrungen auszutauschen! Lebe voller Glück und Achtsamkeit! Es ist ganz einfach.

Nun zu deinem Geist. Viele setzen fälschlicherweise ihren Geist mit den Gedanken gleich. Dies ist ein Fehler. Deine Gedanken sind die Tätigkeit in deinem Gehirn. Auch dies muss dir erst einmal klarwerden. Benutze dazu die Waldmeditation. Auch ich habe erst nach vielen Waldmeditationen erkannt, wo mein Geist und wo meine Gedanken sind. Auch hier wirst du oft in alte Gedankenmuster verfallen.

Deine Erfahrungen der Vergangenheit werden dir dabei behilflich sein, einen neuen Weg einzuschlagen. Das kannst du wörtlich nehmen. Du benutzt, auch wenn du deinen täglichen Dingen nachgehst, immer die gleichen Wege. Auch deine Handlungen sind für dein Umfeld sehr leicht zu erkennen. Erst wenn du den neuen Weg voller Glück, Achtsamkeit und Liebe eingeschlagen hast, wirst du andere Wege gehen. Dein Umfeld wird mit Unverständnis reagieren. Das ist in Ordnung. Du würdest dich auch wundern, wenn jemand aus deinem nahen Umfeld plötzlich etwas völlig anders macht. Lasse dich davon aber nicht beeinflussen.

Trainiere deinen Geist darauf, glücklich zu sein. Sammle Erfahrungen, die das Positive in dir freisetzen! Deine Seele besteht aus reiner Energie. Bleib dabei, in Zukunft den Maßstab für deine Gefühle hochzuhalten! Wenn mich jemand fragt: „Wie geht es dir?", sage ich: „Mir geht es blendend. Ich fühle mich herrlich leicht." Das stößt schon bei manchen Mitmenschen auf Misstrauen. Warum ist der so glücklich? Da stimmt doch etwas nicht! Finde für dich deine Wahrheit, die von deiner Seele kommt! Bring deine Gedanken zum Tanzen und zum Lachen! Wenn du dich täglich mit Energie für die Seele durch Meditation, der richtigen Ernährung und Sport für den Körper und den richtigen Gedanken zur Neuausrichtung deiner Gedanken befasst, wirst du zum glücklichsten Menschen auf der Welt. Dann bist du „Gottes Ebenbild"!

Erstelle dir einen Plan, der gut für dich ist, um deinen Weg zu gehen!

Kapitel 15
Achtsamkeit – ein zuverlässiger Weg

Diagnose: „Wenig Zeit für die Begegnung mit uns selbst haben"

Die Rezepte und Diagnosen sind oft aneinander angelehnt, damit du eine Chance hast, die Dinge von verschiedenen Betrachtungsseiten zu sehen. Dieses Buch ist ein wirkungsvoller Werkzeug für die Selbstfindung oder die Begegnung mit sich selbst. Bei der Geburt hatten wir noch einen unverfälschten Blick auf unser Selbst. Dies habe ich in den vorangegangen Kapiteln bereits geschildert. Durch unsere Erziehung haben wir diese Betrachtung oder dieses Gespür für die Seele oder das Selbst verloren. Wir haben es uns abgewöhnt und mit allerlei Ablenkung ersetzt. Die heutige Zeit und die vielen Möglichkeiten, die jeder Mensch hat, führen dazu, dass du den Fokus verloren hast. Wenn du wenig Zeit für dich selbst hast und dein Grundzustand unruhig, angespannt, nervös und gereizt ist, dann bist du hier genau richtig. Dieser Dauerstress führt – wie auch schon bereits gesagt – zu Krankheiten, die nach vielen Jahren chronisch werden.

Du hast die Möglichkeit das ganze Jahr über – vierundzwanzig Stunden am Tag – über das Internet an Informationen zu gelangen. Alles was du wissen willst, kannst du per Mausklick erfahren. Diese Möglichkeit hat uns neben dem Fernsehen, dem Handy und Musik ein weiteres Medium gegeben, um uns ins Außen zu stürzen. Verstehe mich an dieser Stelle nicht falsch. Wenn du dich fokussierst, um aus dem Internet die für dich wichtigen Informationen für zum Beispiel dein Studium zu ziehen, ist das Internet genau richtig. Aber um in deine Seele zu schauen wird dir das nicht helfen. Im Gegenteil – die Medien entfernen dich immer weiter von dir selbst und deiner Natur. Es wird nicht nur schwieriger, dich selbst zu erreichen, es bleibt auch immer weniger Zeit. Der heutige Tag ist bei dir mit so viel Aktivität gefüllt, dass du kaum noch Zeit hast, bei dir zu sein.

Du hast für viele Dinge in deinem Leben die Verantwortung abgegeben. Zum Beispiel: Wenn du krank bist, gehst du zum Arzt. Die Ärzte werden gern auch als Halbgötter in Weiß bezeichnet. Stelle dir vor, du würdest in Zukunft nicht mehr so schnell zum Arzt gehen. Stelle dir erst einmal eine eigene Diagnose. Einhundert Prozent deiner Krankheiten haben etwas mit deinem Geist oder deiner Psyche zu tun. Alles, was du erschaffst, musst du erst in deinem Inneren gedacht haben. Das ist für dich an dieser Stelle noch etwas schwer zu verstehen, aber ich bin mir sicher – alle deine Krankheiten hast du dir ausnahmslos selbst zugeführt. Bewusst oder unbewusst. Gib also nicht die Verantwortung an eine dritte Person ab! Wenn einer weiß, was du hast, dann du selbst.

Genauso ist es beim Fernsehen gucken. Du gibst dein Leben ab. Du denkst nicht mehr bewusst, sondern konzentrierst dich auf den Fernseher. Deine Gedanken sind beim Fernsehen. Das Wort gibt es an: *in die Ferne sehen*. Wenn du in die Ferne siehst, kann dich deine Seele nicht hören. Du nimmst andere Erfahrungen auf. Es sind die Erfahrungen, die der Fernseher dir vorgibt. Alles, was du dort anschaust, wird zu deiner Erfahrung. Möchtest du das?

Wie soll ein Gott oder ein leuchtendes Wesen aus dir werden, wenn du die Erfahrungen des Fernsehers aufnimmst. Werde dir dessen bewusst.

Auch das Smartphone ist ein Lebensfresser. Du gibst die Verantwortung für dein Leben an dein Smartphone ab. In dieser Zeit kannst du genauso wie beim Fernsehen nicht bei dir sein. Du kannst keine eigenen Erfahrungen mehr machen. Wie soll das auch gehen. Selbstfindung beim Smartphone bedienen. Bestenfalls noch beim Gehen.

Da fällt mir ein schönes Beispiel ein. Beim Marathontraining vor einigen Wochen bin ich unseren schönen Waldweg zur Klosterkapelle gelaufen. Auf dem Weg nach oben habe ich ein Paar gesehen, das mir von weitem entgegenkam. Beide waren in ihr Smartphone vertieft. Als ich nach einer Stunde aus dem Wald zurückgelaufen kam, saßen beide mit dem Smartphone in der Hand auf einer Bank unter einer schönen Eiche im Sonnenuntergang. Es ist so offensichtlich klar, dass dieses Paar keine Kommunikation mit sich selbst und auch nicht miteinander geführt hat. Ich habe kein Smartphone mehr, da auch ich gemerkt habe, was für Auswirkungen dieses Gerät auf mich hat. Denke daran: Du hast die Entscheidung, und du triffst sie in jedem Fall!

Die Liste der Ablenkungen und falschen Erfahrungen ist lang. Dazu gehören auch alle Arten von Süchten. Finde für dich selbst heraus, wo du dich hier wiederfindest! Programmiere dich selbst neu! Gehe deinen eigenen Weg, mache eigene Erfahrungen, hinterfrage die Menschen deiner Umgebung! Wenn du dir selbst bewusst bist, bist du bei dir und nicht bei anderen und deren Angelegenheiten.

Rezept: „Achtsamkeit — ein zuverlässiger Weg zu Gesundheit und körperlichem Wohlbefinden"

Ich spreche immer wieder von Achtsamkeit und Blick auf die eigene Seele. Ich denke, du kannst die Probleme, die ich in dieser Diagnose beschrieben habe, verstehen. Jetzt fragst du dich, was du anstelle dieser Dinge machen sollst, um an das Ziel von Glück, Achtsamkeit und Liebe zu gelangen? Das ist einfach, kann aber auch sehr schwer werden. Als allererstes benötigst du Abstand und Ruhe, um wieder ein Gefühl für dich selbst zu bekommen. Ich habe in dieser Phase viel geschlafen und die Waldmeditation sowie die Meditation Körperentspannung praktiziert, die ich später noch beschreiben werde. Und das über mehrere Wochen. Meinen Tagesplan habe ich stark verkürzt und die freie Zeit wirklich nur für diese Meditationen und Schlaf genutzt. Bleib in dem blauen Bereich der Selbstfindung! Erst wenn wirklich Ruhe in dir eingekehrt ist, begib dich auf die Suche nach deiner Seele!

In der Praxis sieht das so aus: Wenn meine Frau abends fernsieht, setze ich mich zu ihr und massiere sie. So können wir gemeinsam sinnvolle Zeit miteinander verbringen. Genau genommen verbringe ich Zeit mit ihrem Körper. Dadurch geht es mir gut, weil ich etwas für den Bereich „Familie" getan habe und dies meinem Seelenwohl dient. Wenn noch Zeit bleibt, lese ich mit dem Rücken zum Fernseher ein gutes Buch über Meditation oder Glücksfindung, um mich inspirieren zu lassen. Es gehört schon viel Mut dazu, nicht mit der Masse zu schwimmen und einen eigenen Weg zu gehen. Ein eigenes Bewusstsein aufzubauen und eigene Erfahrungen zu sammeln, wird in der Gesellschaft immer seltener. Aber vielleicht willst du ja zu dieser Spezies gehören. Du weißt ja, du entscheidest dich in jedem Fall.

Nimm dir Zeit für die Begegnung mit dir selbst!
Nimm dir für diesen Tag etwas Anderes vor als Fernsehen, Handy oder Computer!
Dann mach Übermorgen so weiter! Und so weiter und so weiter.

Kapitel 16
Körperentspannung

Diagnose: „Unentspannt sein"

Am Abend kann ich sehr gut einschlafen. Am Morgen – insbesondere am Wochenende – bin ich der erste in der Familie, der wach ist. Früher haben mich Gedanken über offene Aufgaben aus dem Bett geworfen und mich in die Arbeit getrieben. Nachdem ich dann nach einigen Stunden mit den Aufgaben fertig war, war ich wieder müde. Meine Familie ist aufgestanden, und ich wollte wieder ins Bett. Aber auch in anderen Situationen auf der Arbeit oder bei vielen Aufgaben am Tag, hatte ich früher eine innere Unruhe. Diese Unruhe hat mich Energie gekostet. Ich wurde nicht nur nervös, sondern aggressiv. Heute kann ich mir das nicht mehr vorstellen. Überlege, ob es auch in deinem Leben Momente gibt, die du als aufreibend bezeichnen würdest! Wenn du dir dessen bewusst bist, kannst du bereits in der Situation gegensteuern. Ich habe aber ein Rezept, was mir langfristig geholfen hat und immer noch hilft.

Rezept: „Meditation Körperentspannung"

Immer wenn ich angespannt bin oder zu früh wach werde, mache ich eine ausführliche Körperentspannung. Leg dich dazu ins Bett oder auf das Sofa! Decke dich zu, damit dir angenehm warm ist und sorge dafür, dass du nicht gestört wirst! Beginne mit zehn Atmungen durch die Nase in den Bauch und durch den Mund wieder aus! Beruhige dich dabei und lass die Atmung langsam ruhiger werden! Wenn du zur Ruhe gekommen bist, kannst du mit der Übung beginnen. Diese Meditation ist wichtig, wenn deine Gedanken schon bei der Atmung abwandern – bevor die Übung beginnt.

Um dich wieder zu fokussieren, konzentriere dich auf die Atmung in deinen Bauch! Dann beginnt die entspannende Meditation. Atme weiter, denke bei der Einatmung an die Zehen deines linken Fußes! Stell dir vor, du würdest in deine Zehen einatmen! Dann atme durch den Mund wieder aus und entspanne dabei die Zehen deines linken Fußes! Beim Ausatmen gehen alle Verspannungen mit der Luft aus deinen Zehen. Dies wiederholst du zehnmal. Danach machst du in der folgenden Reihenfolge jeweils mit zehn Atemübungen weiter! Linker gesamter Fuß, linkes unteres Bein, linkes oberes Bein, die Zehen deines rechten Fußes, rechter gesamter Fuß, rechtes unteres Bein, rechtes oberes Bein. Danach beginnst du in gleicher Weise mit der linken Hand, linker Unterarm, linker oberer Arm, rechte Hand, rechter Unterarm, rechter oberer Arm! Zum Schluss noch dein gesamter Oberkörper, deine Schultern und dein Kiefer.

Ich mache diese Übung seit vielen Jahren und bin danach immer sehr entspannt und achtsam. Wichtig ist auch hier zu üben.

Diese Übung jeden Samstag- und Sonntagmorgen machen! Dauer ca. eine Stunde.

Kapitel 17
Danke dir

Diagnose: „Falsches Denken"

Wenn du bislang noch nicht das richtige Rezept gefunden hast, wirst du bestimmt jetzt fündig. Ich komme ein weiteres Mal auf die drei Zustände zurück, aus denen du bist: Dein Körper, deine Seele und dein Geist. Jetzt ist die entscheidende Frage, wie deine Realität oder alles, was du in deinem Umfeld siehst, entsteht. Warum haben einige Menschen ein tolles erfülltes Leben und du vielleicht nicht? Warum gibt es reiche Menschen und arme Menschen? Wodurch entsteht dieser Unterschied? Zunächst einmal ist es wichtig zu verstehen, wie deine Realität entsteht. Zunächst gibt es im Ursprung immer den ersten Gedanken in dir. Dieser ursprüngliche Gedanke ist von Herzen oder aus deiner Seele. Dieser Gedanke erscheint danach in deinem Geist. Dann gleichst du diesen Gedanken mit deinen Erfahrungen ab und betrachtest den Gedanken mit deinem Kopf. Wenn der Gedanke bei dir zwischen Seele und Kopf gereift ist, äußerst du diesen Gedanken. Nach der Äußerung erfolgt die Handlung. Je nachdem wie stark der Gedanke ist, umso stärker und ausgeprägter ist die Handlung. Durch die Handlung entsteht deine Realität und somit dein Leben. Zusammen mit den Gedanken anderer Menschen ist die Welt so, wie sie heute ist. Wichtig für dich ist die einzigartige Erkenntnis, dass der Urgedanke bei dir für alles in deinem Leben verantwortlich ist. Du hast gehört, dass dein Handeln durch deine Erfahrungen bestimmt ist. Nun kommen wir langsam zum Kern. Genauer gesagt wird dein Urgedanke nach der Entstehung durch deine Erfahrung noch weiter geformt.

Bei vielen Gedanken oder Denkweisen, die du dir angeeignet hast, urteilst du aus deinem Erfahrungsschatz, den du größtenteils von deinen Eltern oder der Allgemeinheit übernommen hast. Wir schwimmen mit dieser Denkweise mit, ohne sie zu hinterfragen. Wenn du bewusst und klaren Kopfes durch die Welt gehst, wirst du zu vielen Erkenntnissen kommen. Viele Dinge und Sachverhalte wirst du neu bewerten und von einem anderen Standpunkt aus wahrnehmen.

Du kannst deine falschen Gedanken oder dein falsches Denken zu hundert Prozent beeinflussen. Erkenne an, dass du der Herr deiner Gedanken bist! Niemand anderes ist in der Lage deine Erfahrungen und somit deine Gedanken zu beeinflussen. Wir waren alle in der Schule, aber wie wir mit unseren Gedanken umgehen, hat mir zumindest auf diesem Weg keiner gesagt. Es ist also wichtig, dies zu verstehen. In meinem Rezept helfe ich dir, diesen Prozess zu ändern.

Rezept: „Danke dir"

Mit diesem Rezept bekommst du ein sehr großes Werkzeug an die Hand. Du kannst für Glück, Achtsamkeit und Liebe in deinem Leben sorgen. Mir hat das Rezept all diese Zustände gebracht.

Nehmen wir den Faden aus der Diagnose auf. Der Ursprung ist der Urgedanke. Begegne diesem Gedanken mit viel Achtsamkeit. Vermeide es, deine bisherigen Erfahrungen über diesen Gedanken zu stülpen. Betrachte lieber den Gedanken mit ganz neuen Augen. Du bist jetzt ein anderer und willst die Dinge neu betrachten.

Ein Beispiel: Ich wollte einen Traumjob haben. Diesen Gedanken habe ich mit viel Liebe und Achtsamkeit als Urgedanken in mir aufsteigen lassen. Ich hätte jetzt denken können: „Aber mir fehlt die Qualifikation. Es gibt doch bestimmt bessere Kandidaten." Viele weitere Gedanken kamen in meinen Kopf. Daraufhin habe ich etwas gemacht, was dir vielleicht befremdlich vorkommen wird. Ich habe mir selbst, der Welt und dem Universum gedankt, dass ich diesen Job bereits habe. Ich habe mir genau aufgeschrieben, wie dieser Job aussehen soll, was ich dafür machen muss und bis zu welchem Zeitpunkt ich diesen Job haben will. Ich habe nicht gebetet, dass ich den Job bekomme – das ist der falsche Ansatz. Daraufhin habe ich mich in meine Meditation begeben und mir gedankt, dass ich den neuen Job bereits bekommen habe. Erst danach habe ich mich real beworben und nur nach dieser Art von Arbeit gesucht. Nach einigen Monaten hatte ich meinen Traumjob. Wie soll es auch anders funktionieren? Du musst zunächst an dich glauben und dir danken, ohne zu erwarten!

Ich gebe dir ein weiteres Beispiel: Ein anderer Gedanke von mir war, Millionär zu werden. Auch diesen Gedanken habe ich mit viel Liebe und Achtsamkeit als Urgedanken in mir aufsteigen lassen. Ich hätte jetzt denken können: „Wie soll ich zu einer Million kommen? Das ist doch unmöglich!" Viele weitere Gedanken folgten. Auch in diesem Fall habe ich etwas völlig anderes getan. Ich habe mir selbst und der Welt oder dem Universum gedankt, dass ich bereits ein Millionär bin. Jetzt wirst du vielleicht wieder denken: „Das ist doch völliger Schwachsinn!" Das ist es allerdings nicht. Nur wenn du in der Lage bist dankbar anzuerkennen, hast du das Rezept verstanden. Neben diesem dankbaren Anerkennen habe ich mir ein zeitliches Ziel mit monatlichen Zwischenschritten erstellt und ein ausführliches Finanzkonzept. Ich bin somit auf dem Weg und kann sagen, dass ich mein Ziel erreichen werde. Da wir Menschen uns der Zeit unterworfen haben und ich dein Weltbild nicht komplett aus den Angeln heben möchte, belassen wir es an dieser Stelle dabei. Stell dir vor, ich habe mein Ziel heute schon erreicht, da die Zeit in meinem Leben keine Rolle mehr spielt! Es gibt für die Seele kein Heute und kein Morgen. Aber wie gesagt – wir bewegen uns mit diesem Buch erst im Anfangsstadium.

Mit Absicht habe ich hier sehr weltliche Beispiele gebracht und nicht über innere Fülle oder Liebe gesprochen. Ich könnte dir noch viele weitere Beispiele geben.

Wenn du diese weltlichen Ziele hast und sie dir erfüllst, wirst du dich in diesem Moment nur noch auf Glück, Achtsamkeit und Liebe konzentrieren. Die oben genannten Beispiele interessieren dich dann nicht mehr. Ich habe mir das nicht ausgedacht und auch nicht aus dem Fernsehen. Ich habe alles selbst erlebt. Die eigene Erfahrung ist immer die richtige. Darum fange ich in diesem Buch auch mit den menschlichen Aspekten an. Die göttlichen folgen in einem anderen Buch zu einem späteren Zeitpunkt. Dann hast du vielleicht schon den Glauben zu dir gefunden.

Danke dir selbst für alle deine Ziele und erkenne an, dass du sie schon erreicht hast!

Kapitel 18
Der Zielplan

Diagnose: "Keine Ziele haben"

Wenn ich über das Leben philosophiere, frage ich meine Gesprächspartner oft als erstes nach ihren Zielen im Leben. Einige Antworten erhalte ich, wenn es gut läuft. Meistens kommt nach längerem Überlegen aber nicht wirklich viel an Informationen. Das Leben ist ein schöner Weg und er wird noch schöner, wenn du dir auf diesem Weg Ziele steckst. Ich benutze immer gern das Beispiel des Urlaubs. Der Urlaub ist ein tolles Ziel im Jahr. Für diese Zeit überlässt du nichts dem Zufall. Du planst schon lange im Voraus das Ziel sowie die Fahrt oder den Flug dorthin. Nichts wird dem Zufall überlassen. Wenn du den Plan dann fertig hast und die Buchung durchgeführt ist, freust du dich die ganze Zeit auf den wundervollen Urlaub. Wie ist es mit anderen Zielen in deinem Leben? Hast du überhaupt konkrete Ziele für dein Leben? Wie genau hast du diese Ziele festgelegt? Wann willst du diese Ziele erfüllen? Kannst du dir diese Ziele überhaupt leisten? Was sind Ziele und was sind nur Träume? Für mich war schon früh klar, dass ich mich im Leben nicht nur auf den Urlaub freuen will. Ich überlegte mir, ob es nicht möglich sei, für alle Dinge im Leben so einen Plan zu machen und sich auf alle Dinge im Leben zu freuen. Somit habe ich für dich das perfekte Rezept, wenn du keine genauen Ziele hast.

Rezept: „Der Zielplan"

Natürlich bin ich auch bei diesem Rezept einen etwas ungewöhnlichen Weg gegangen. Zunächst einmal habe ich mir überlegt, wie viel Zeit ich überhaupt habe, um meine Ziele zu erfüllen. Damit meine ich die Zeit, die ich zwischen dem Tod und jetzt, wo ich diese Zeilen schreibe, habe. Ich habe mir also ein weiteres Ziel gesetzt. Dieses Ziel heißt: Ich möchte einhundert Jahre alt werden. Und schon wieder kommen Gedanken in dir hoch, wie: „So etwas kann man sich doch nicht vornehmen! Das schaffe ich sowieso nicht." Ich habe mir das aber genauso vorgenommen. Damit habe ich wieder einen mächtigen Gedanken erschaffen. Ich werde einhundert Jahre alt! Letztens hat meine Oma gesagt: „Solange wir noch können, fahren wir in den Schwarzwald." Da ist die Einschränkung „Solange wir noch können"! Warum soll man sich selbst eine Einschränkung machen, die auch noch unbestimmt ist? Ich werde einhundert Jahre alt, mein Leben bis dahin planen und mit wundervollen Zielen bestücken. Somit war das erste Ziel in meinem Lebensplan benannt. Wenn du keine Vorstellung hast, wie alt du werden willst, was denkst du, wie deine Seele, dein Körper und dein Geist damit umgehen werden? Deiner Seele ist es egal, da sie nur ist und nicht wertet. Bei deinem Körper und deinem Geist sieht das schon anders aus. Wenn du dir wirklich vornimmst, ein bestimmtes Alter zu erreichen, kannst du dich bewusst darauf einstellen. Mein Lebensplan mit tollen Lebenszielen geht auf jeden Fall bis 2079. Wie gehst du beim Zielplan vor? Zunächst einmal kannst du dir alle Ziele als Stichpunkte auf einen Zettel schreiben. Dabei lässt du deinen Gedanken freien Lauf. Die ersten zwanzig Ziele werden dir bestimmt schnell einfallen. Danach wird es etwas schwieriger. Lass dir mindestens eine Woche Zeit, die Liste immer wieder um weitere Punkte zu ergänzen. Setze dir Ziele – egal wie groß diese sind. Ohne Einschränkung durch dein Umfeld. Es sind ganz allein deine Ziele. Ich stelle dir die Aufgabe, mindestens einhundert Ziele auf den Zettel zu bekommen. Die zweite Aufgabe besteht nun darin, die Ziele in eine saubere Liste zu übertragen. Es genügt, in der linken Spalte dein Ziel kurz zu benennen. Bei der dritten Aufgabe soll das Ziel nun möglichst ausführlich in der zweiten Spalte daneben beschrieben werden. Oft sind die Ziele sehr umfangreich, und es macht Sinn die Ziele in Teilziele zu unterteilen. Somit nimmt die Menge an Zielen erst einmal zu. Glaube mir – später wird sich die Menge wieder reduzieren. Wichtig ist, möglichst ausführlich deine Ziele zu beschreiben, so dass sie für dich ausformuliert und schlüssig sind. Der dritte Schritt ist die zeitliche Begrenzung. Erstelle ein Anfangsdatum und ein Enddatum für dieses Ziel. Es ist wichtig, realistisch vorzugehen. Damit meine ich, die Ziele zeitlich so zu setzten, dass du sie auch wirklich zu hundert Prozent erreichen kannst. Wenn du damit fertig bist, erstelle als vierte Aufgabe eine Spalte mit der Bezeichnung Summe. In dieser Spalte setzt du die Kosten für das Ziel ein – vorausgesetzt es gibt welche. Nun hast du in vier Schritten eine ausführliche Zielliste für dein ganzes Leben erstellt. Freue dich zunächst einmal über diese tollen Ziele und genieße das Glücksgefühl.

Der fünfte Schritt besteht aus der Überprüfung der Ziele auf drei wesentliche Punkte hin.

Was sind Ziele und was sind Träume?
Sind die Ziele mit meiner Familie/meinem Umfeld umzusetzen?
Ist der finanzielle Rahmen für die Ziele möglich?

Der erste Punkt ist wichtig. Du musst erkennen, was ist in deinem Leben ein Ziel und was nur eine Traumvorstellung? Wenn du zum Beispiel als Ziel hast, auf dem Mars zu wohnen, solltest du dieses Ziel von der Liste nehmen. In deiner Fantasie kannst du dich dann voll auf diesen Traum konzentrieren und eine tolle Meditationsreise daraus machen. Unterscheide genau zwischen Zielen und Träumen. Träume, die nicht der Realität entsprechen, haben auf dieser Liste nichts verloren. Beachte aber auch, dass große Ziele einen langen Weg oder große finanzielle Mittel binden können. Wo wir auch gleich zum zweiten Punkt kommen: Deine Ziele stehen. Dein Zielplan ist zeitlich strukturiert. Die finanziellen Mittel geplant. Dann schau auf dein Umfeld! Lässt sich das mit deiner Familie oder deinem Umfeld realisieren? Wenn du hier nein sagst, hast du eine weitere Aufgabe vor dir. Bleib bei deinen Zielen und sprich mit deinem Umfeld darüber! Entweder lassen sich die Ziele mit deinem Umfeld umsetzen oder die Punkte bleiben auf deiner Liste. Wenn sich diese Punkte aus bestimmten Gründen nicht mit deinem Umfeld umsetzen lassen, streiche die Ziele und lass sie ziehen. Du hast dich in diesem Fall für einen anderen Weg entschieden. Dieses Ziel gehört nicht mehr zu deinen. Es gibt auch hier nur einen Weg, den du gehen wirst. Du wirst dich wie immer für einen entscheiden. Wichtig ist, dass du dies bewusst tust. Versinke nicht im Tal der Tränen. Du bist ein erschaffendes Wesen mit einer brennenden Seele voller Glück. Triff eine Seelenentscheidung, wenn sie auch noch so schwerfällt. Denk daran – die erste Entscheidung, ist die Entscheidung, die von deiner Seele kommt!

Ich habe hier einen Ausschnitt aus meiner Ziel Liste eingeführt.

Ziel	Ausführliche Darstellung	Beginn	Ende	Summe
Glück und Achtsamkeit	Die neuen Worte, die mir so viel Glück gebracht haben, sollen meine ständigen Begleiter sein. Jeden Tag!		01.01.2079	
100 Jahre Alt	Ich möchte 100 Jahre alt werden, weil ich mich gesund ernähre und viel Sport treibe. Ich möchte mit Ruhe ein glückliches Leben führen.		01.01.2079	
Eigenes Buch schreiben	Ich werde die „Die Glücks-Apotheke" schreiben	01.01.2016	31.01.2017	
Wildwasser Rafting		01.01.2018	31.12.2018	400,00 €
Bali	Ich möchte eine Reise nach Bali machen – an den Strand unserer Träume – mit einer Hochzeit vor Ort. Sparrate derzeit 50 Euro im Monat.	01.01.2020	01.06.2020	4.000,00 €

Die Zielliste sollte mehrmals im Jahr überarbeitet und aktuellen Situationen angepasst werden!

Kapitel 19
Unterstütze dich selbst

Diagnose: „Keine Unterstützung bekommen"

In meinem Umfeld höre ich oft, dass andere Menschen sich beklagen. Sie fühlen sich von anderen im Stich gelassen oder nicht ernst genommen. Es gibt Probleme, an denen andere Mitmenschen Schuld haben. Dann wird wütend auf Ehepartner oder Eltern geschimpft.

Es gibt viele Umstände, die dich umtreiben. Ich nenne diesen Zustand: „Opfer spielen". Damit meine ich, dass sich diese Menschen oder auch du zum Opfer ihrer Mitmenschen machen. Du kannst dich auch zum Opfer des Wetters machen. Die Überschwemmung in deinem Keller kann dich zu einem Opfer machen. Es gibt unendlich viele Möglichkeiten, bei denen du Opfer spielen kannst. Auch hier liegt das Ergebnis jahrelangen Opferspielens auf der Hand. Du wirst krank werden. Du benötigst keinen Arzt, um dies zu erkennen. Wenn du dich zum Opfer machst und dich beklagst, wird dein Körper entsprechend reagieren. Du sagst dir damit: „Ich bin klein, schlecht, schlicht und einfach ein Opfer anderer Umstände." Wenn darauf noch jemand mit Mitleid reagiert, schließt sich der Kreis des Jammerns. Du hast dich in eine Negativspirale begeben. Wundere dich also nicht, wenn du krank wirst und es auch dem, der dir Mitleid gespendet hat, nicht anders geht. Es gibt Sätze wie: „Geht es dir auch so schlecht wie mir? Heute wird es bestimmt noch regnen!" Du wirst antworten, dass so ein Satz doch nicht krank machen kann. Doch! Diese Sätze können krank machen. Woher, glaubst du, kommen die Krankheiten in unserer modernen Gesellschaft? Ist Krebs eine Schicksalsfrage? Ich bin mir sicher, dass es nicht so ist! Alle Krankheiten sind unnatürlich und haben nichts mit Schicksal zu tun. Wie kannst du also zukünftig der Opferrolle entkommen? Was hilft dir, nicht dauerhaft krank zu werden? Das Rezept ist einfach.

Rezept: „Unterstütze dich selbst"

Ich empfehle dir, dringend das Zepter wieder selbst in die Hand zu nehmen und Regie zu führen. Es ist dasselbe mit der Liebe. Du kannst nur jemanden anderen lieben, wenn du dich selbst liebst. Auch hier wirst du wieder fragen: „Wie soll ich mich denn selbst unterstützen? Wie soll das gehen?" Ich gebe dir Folgendes an die Hand: Wenn du in Zukunft in eine Opferrolle kommst, entscheide dich anders zu reagieren. Du hast immer die Wahl, mit deinen Gedanken eine andere Wahl zu treffen. Entscheide dich dafür, zum Täter zu werden! Wir sind heilige Wesen mit großer Schöpferkraft! Wir sind Täter und Erschaffer in unserem Leben. Wir erschaffen mit jedem Gedanken etwas. Also entscheide dich, nicht Opfer zu spielen, sondern deinen rechtmäßigen

Platz einzunehmen. Mache dich zum Erschaffer einer positiven Wirklichkeit. Wenn du dich nicht selbst unterstützt, wird dich auch niemand anderes unterstützen. Ein Opfer unterwirft sich den Umständen des Alltags. Ein Opfer reagiert nur. Es agiert nicht. Vertraue dir und deinem ersten Gedanken! Der erste Gedanke enthält die Wahrheit in dir. Nimm diesen ersten Gedanken wahr und lebe ihn!

Wenn du deinem Partner sagst: „Wenn du Probleme mit deiner Mutter hast, höre ich mir das gern an, aber deiner Mutter hilft das nicht. Und auch dir hilft dieser Dialog nicht. Du musst dein Problem, das du mit deiner Mutter hast, auch ihr vortragen." Das wird deinem Partner im ersten Moment sicherlich nicht gefallen. Aber wenn er deinen Rat befolgt, wird er dir dankbar sein. Wenn du ein Opfer bist, hättest du dir das Problem angehört und deinem Partner wahrscheinlich zugestimmt. Aber überlege, was hätte dir das gebracht? Viele Situationen bieten dir die Opferrolle an. Das liegt daran, dass dir dein Umfeld rhetorische Fragen stellt. Ich gebe dir hier gern wieder ein Beispiel: Ich war vor einigen Wochen beim Friseur. Da sagte die Friseurin zu mir: „Das Wetter ist aber heute regnerisch. Da will man ja gar nicht vor die Tür gehen." Ich habe sie gefragt: „Wer ist der Mann?" Sie hat mit meiner Frage nicht gerechnet und gedacht, ich würde ihr zustimmen. Ich habe mich aber nicht in die Opferrolle begeben, sondern gefragt, wer der Mann in ihrer Frage sei. Etwas echauffiert hat sie die Aussage dann geändert. Sie sagte: „Das Wetter ist heute regnerisch. Ich werde wohl heute Abend nicht mehr rausgehen." Ich antwortete darauf: „Ich verstehe Sie. Ich finde das Wetter aber herrlich – schönes schottisches Regenwetter. Der Wind und der Regen stimmen einen so langsam auf die Weihnachtszeit ein. Der Herbst hat etwas Erfrischendes." Das war meine ehrliche Meinung, aber die Friseurin wollte einen Opfer-Smalltalk mit mir halten. Dazu wird es niemals kommen. Ich bin gespannt, wie sie die Unterhaltung beim nächsten Besuch beginnt. Dies ist ein eher lustiges Beispiel für ein ernstes Thema. Finde deine Opferspiele im Alltag und begegne ihnen in Zukunft mit Selbstvertrauen und deinem ersten Gedanken. Du wirst reichlich belohnt werden. Dein Leben wird sich augenblicklich verbessern. Ich bin stolz und mit erhobenem Haupt aus dem Friseursalon gegangen. Dabei habe ich eine nachdenkliche Friseurin zurückgelassen. Bring auch du dich selbst zum Nachdenken!

Die Opferrolle haben die meisten von uns unbewusst in ihrer Kindheit gewählt. Wir waren die Opfer unserer Eltern, Lehrer und Mitschüler. Die Opferrolle funktioniert auch gut als Strategie im Überleben eines Kindes. Es bekommt Zuwendung und Mitleid. Insgesamt ist diese Opferrolle aber nicht zuträglich und beinhaltet negative Aspekte. Als Erwachsener passt diese Rolle nicht mehr. Wähle neue Perspektiven und einen neuen Standpunkt!

Wechsle vom Opfermodus in eine starke Persönlichkeit! Dein Umfeld wird zunächst mit Unverständnis reagieren. Wenn du aber dabeibleibst, werden sie dich als starke Persönlichkeit mit eigenen Gedanken wahrnehmen. Du bist in ihren Augen ein Erschaffer und ein Unterstützer.

Prüfe achtsam deine Gespräche auf die Opferrolle, und entscheide dich neu!

Kapitel 20
Ohne Vergangenheit bist du sofort frei

Diagnose: „An der Vergangenheit kleben"

In diesem Buch geht es bei vielen Diagnosen um deine Vergangenheit. Die Vergangenheit ist der Erfahrungsschatz deines Lebens. Die Vergangenheit betrifft die Zeit von deiner Geburt bis genau zu diesem Moment. Wobei deine Vergangenheit auch noch vor deine Geburt zurückreicht. Aber das ist noch ein anderes Thema. Deine Vergangenheit wird geprägt durch die Menschen, die dich in dieser Zeit begleiten. Dabei sollte dir bewusst werden, dass die Zeit mit deinen Eltern eine Zeit war, wo du nicht frei entscheiden konntest. Offiziell bist du bis zum achtzehnten Lebensjahr in der Obhut deiner Eltern. In dieser Zeit sind deine Eltern auch deine „Götter und Lehrer". Alles, was die Eltern machen bzw. gemacht haben, war für dich verbindlich. Es gab keine Alternative. Die Verhaltensweisen und Gedanken deiner Eltern wurden somit auch zu deinen Gedanken. Deine Eltern (oder diejenigen, die dich großgezogen haben) sind die Personen, die dich für dein Leben maßgeblich geprägt haben. Somit hast du alle Verhaltensweisen aus deiner Kindheit, wenn du nach deinem achtzehnten Geburtstag oder wann auch immer in dein eigenes freies Leben startest. Aber wie soll das funktionieren? Du bist doch zu hundert Prozent deine Vergangenheit. Alles, was auf dich zukommt, entscheidest du mit dem Wissen, das du aus der Vergangenheit bzw. Kindheit hast. Dieses *Kleben* an der Vergangenheit ist bei allen Menschen gleich. Ich möchte deine Kindheit nicht verurteilen. Vielmehr möchte ich dir helfen, ein Verständnis zu erlangen, das es dir ermöglicht, zu differenzieren. Alle Dinge, die du für ein Leben im einundzwanzigsten Jahrhundert brauchst, hast du in deiner Kindheit gelernt. Dies waren Dinge wie essen, reden, laufen, schreiben usw. Diese Dinge sind von großem Nutzen. Alle anderen Erfahrungen und Gedanken, die dein Leben schwer und lieblos machen, sicherlich nicht. Es ist enorm wichtig, zwischen den nützlichen und für dich richtigen und den schweren und lieblosen Gedanken zu unterscheiden.

Der ursprüngliche Gedanke aus deiner Seele ist unabhängig von deiner Erfahrung und deiner Erziehung. Der erste aufkommende Gedanke ist der richtige Gedanke. Erst danach beginnt dein Geist, diesen Gedanken mit Hilfe deiner Erfahrungen zu formen. Je nachdem wie diese Erfahrungen in deinem Leben waren, wird der Gedanke entsprechend beeinflusst. Es gibt eine sehr tolle Aussage, die unglaublich befreit, wenn sie richtig verstanden wird: „Ohne deine Vergangenheit bist du sofort frei." Von diesem Satz, der auch mein Leben grundlegend verändert hat, möchte ich in meinem Rezept berichten.

Rezept: „Ohne Vergangenheit bist du sofort frei"

Ohne Vergangenheit bist du sofort frei. Was soll das heißen? Es meint nicht die Vergangenheit der erlernten Fähigkeiten und Fertigkeiten, die du im einundzwanzigsten Jahrhundert brauchst. Ich meine Erfahrungen und Gedankenabläufe, die du hast. Die Freiheit, die du nach dem Auszug oder nach deiner Volljährigkeit angeblich bekommen hast, ist eine Illusion. Wie soll das auch gehen, nachdem du in deinem bisherigen Leben in deinem Elternhaus gewohnt hast und dort deine Rolle gespielt hast? Wie sollst du da von einem auf den anderen Tag frei sein? Stelle dir einen Vogel vor, der sein Leben lang im Käfig gesessen hat. Wenn du die Tür auflässt, wird er nach all der Zeit in Gefangenschaft nicht losfliegen und die Welt erkunden. Genauso verhält es sich bei uns Menschen. Die eingeprägten Gedanken der Kindheit sind die Schuhe oder die Werkzeuge für ein *selbstbestimmtes* Leben danach. Wenn Gewalt in deiner Kindheit eine Rolle gespielt hat, wird sich das auch in deinem Leben in einer Form zeigen. Wenn du keine sozialen Kontakte außerhalb der Familie hattest, wird sich dies in deinem sogenannten freien Leben zeigen. Denk immer an den Vogel, der die ganze Welt vor sich hat, aber im Käfig verweilt! Es sind oft angstvolle Gedanken, die dich in der Zeit des Erwachsenen dazu bringen, die gleichen Entscheidungen zu fällen, wie es bereits deine Eltern getan haben. Warum ist es so schwer, aus dieser Rolle auszubrechen? Du hast in der Kindheit gelernt, dass es so funktioniert und hinterfragst diese Gedanken nicht, wenn du Angst hast. Der Vogel fliegt nicht los, wenn er Angst vor der großen weiten Welt fühlt. Und auch du wirst nicht wirklich frei sein, wenn du dich an die alten Vorstellungen deiner Eltern oder deiner Kindheit klammerst. Natürlich ist es anders, wenn deine Kindheit traumhaft war und du dir nichts anderes wünschst. Dann bist du schon frei. Allerdings bin ich mir sicher, dass du dieses Buch unter dem Aspekt nicht gekauft hättest. Denk noch einmal darüber nach! Jeden Morgen, wenn du aufstehst, kannst du dich neu entscheiden: Befreie dich von der Vergangenheit, indem du diese Gedanken ablegst! Finde dich nicht mit dem ab, was du derzeit hast oder bist! Wenn du etwas anderes anstrebst, begib dich auf den Weg! Reiß alte Mauern nieder und verlass die alten Pfade! Dieses Buch hält viele Möglichkeiten bereit, den Schlüssel umzulegen. Du solltest dir bewusstmachen, dass du die emotionalen alten Schuhe deiner Eltern und Großeltern weiterträgst und damit auch die Probleme und alten Denkweisen übernommen hast. Hinterfrage bitte, ob diese Denkweisen zu dir passen und dir Glück und Liebe bringen oder ob es an der Zeit ist umzudenken! Schau dir genau deine Themen und Baustellen im Leben an! Wenn dir deine Verhaltensweisen zu gewissen Situationen nicht gefallen oder dich ärgern, dann überlege, ob dein Vater oder deine Mutter ähnliche Erlebnisse hatten und ob sie damals auch ein Problem damit hatten! Wenn es Parallelen gibt, dann hinterfrage diese Themen und befasse dich damit! Hilfe und andere Sichtweisen findest du überall, wenn du danach suchst. Dieses Buch dient dazu, Mechanismen aufzuzeigen und zur Erkenntnis zu gelangen, diese zu durchschauen. Das sind Puzzleteile zur Weisheit und zum Glück. Wenn du weißt, wie die Dinge in deiner Gefühlswelt funktionieren und die richtigen Erkenntnisse einmal in deinen Verstand gelangt sind, hast du Verständnis für alle Dinge des Lebens – sozusagen den Universal-Werkzeugkasten zum Glück.

Du wirst dankbar sein, dass du in die Welt hinausgegangen bist und die Freiheit schmecken konntest. Der Zeitpunkt ist jetzt gekommen.

Einen Monat jeden Morgen bewusst zu dir sagen: „Ohne Vergangenheit bin ich sofort frei"!

Kapitel 21
Strandmeditation

Diagnose: „Keine Vorfreude verspüren"

Bei der Vorbereitung auf dieses Buch habe ich schon über viele Jahre immer mal wieder Meditationen oder wichtige Themen aufgeschrieben. Ich hatte mich entschlossen, das Buch mit Diagnose und Rezept aufzubauen. Als ich dann meine Unterlagen durchschaute und in dieses Buch umwandelte, habe ich Themen gefunden, für die ich keine Diagnose hatte. Dieses Thema gehört dazu. Die Strandmeditation mache ich schon seit vielen Jahren. Mir ist aber – bevor ich mit diesem Kapitel angefangen habe – nicht klar gewesen, welcher Diagnose es bedarf, um eine Strandmeditation zu machen. Zumindest konnte ich die Strandmeditation in Verbindung mit Vorfreude bringen. Ich freue mich immer auf den Sommerurlaub mit meiner Familie. Da wir meistens an einen Ort fahren, an dem es einen Strand gibt, freue ich mich schon im Voraus darauf, dort am Strand zu meditieren. Somit hilft dir diese Meditation mit Sicherheit, dich auf den nächsten Urlaub zu freuen. Aber in Wirklichkeit ist die Meditation selbst bereits ein Urlaub. Alles, was du erlebst, findet nur in deinem Kopf statt. Wenn du die Strandmeditation über viele Jahre praktizierst, wird sie dir wie ein echter Urlaub vorkommen. Das ist ja auch logisch. Niemand anderer als du kann deine Gedanken formen. Daher ist deine körperliche Anwesenheit am Strand nicht nötig, um einen wunderschönen Urlaub in der Meditation zu verbringen. Wenn du genügend Praxiserfahrung im Meditieren hast, wirst du neben der absoluten Ruhe und Selbstfindung auch tolle Erlebnisse und Bereicherungen erlangen. Der ursprüngliche Sinn der Meditation bleibt aber die Achtsamkeit und die Erkenntnis, dass die Seele reine Energie ist. Da ist nichts zu lernen oder zu verbessern. Es geht rein um das Sein. Eine Fahrstuhlmeditation oder eine Strandmeditation ist das Bindeglied zwischen deiner Seele und dem sogenannten *realen Leben*. Oder das Leben, das du virtuell wahrnimmst. Ich habe viele Jahre meines Lebens in tiefer Meditation verbracht. Diese Zeit ist nur schwer mit Worten zu beschreiben. Durch Übung und Hingabe kannst du diese Tür zu deinem Inneren aufstoßen. Es ist wie das Erwachen aus der Matrix bei dem gleichnamigen Film. Erwache für dich in dir. Das hört sich an wie bei einer Glaubensgemeinschaft, aber auch darüber sei an dieser Stelle ein Wort gesagt. Ich gehöre keiner Glaubensgemeinschaft an. Dennoch bin ich meiner Auffassung nach sehr gläubig. Ich glaube zu hundert Prozent an mich und meine Seele. Ich halte mich für ein beseeltes Wesen, das den Sinn seines Lebens gefunden hat. Das funktioniert nur mit einem festen Glauben an sich selbst. Ich bin der Überzeugung, wenn alle Menschen so glauben und denken würden wie ich es tue, dann wäre uns allen geholfen. Das ist meine Wahrheit. Wenn ich nicht an mich glauben würde, wer dann? Aber nun erst einmal genug von Glaubensrichtungen und Überzeugungen. Ich stelle in meinem Rezept die Strandmeditation vor und gebe dir damit die Möglichkeit, einen Urlaub an jedem Tag zu jeder Zeit zu machen. Du benötigst nur etwas Ruhe und Zeit.

Rezept: „Strandmeditation"

Die Strandmeditation habe ich schon viele Male durchgeführt, und jedes Mal hat sie zu einem starken Wohlbefinden geführt. Ich bin immer mit einem Lächeln zurück in die *reale Welt* gekommen.

Begib dich, wie bereits bei anderen Meditationen in diesem Buch beschrieben, in die Ausgangsposition für die Meditationen! Atme ruhig ein und aus! Freue dich auf einen schönen *Urlaubsausflug!*

Du spazierst an einem einsamen, weißen Strand. Du bist der einzige Mensch am ganzen Strand. Es ist später Nachmittag. Die Sonne steht schon tief über dem Meer. Der Himmel ist blau. Es ist heiß. Du spürst einen leichten Wind, der vom Meer kommt. Du gehst langsam am Wasser entlang. An Land siehst du hohe Dünen und ein paar Palmen. Soweit du schauen kannst, siehst du keine Menschenseele. Nach einiger Zeit kommst du an einen Holzsteg, der aufs Wasser hinausgeht. Er führt zu einer einsamen Hütte auf dem Wasser. Du gehst über den Steg in die Hütte hinein. Der Boden der Hütte ist aus einer Glasplatte. Der Blick durch die Glasplatte gibt eine unglaublich schöne Aussicht auf ein beleuchtetes Korallenriff frei. Du kannst in Ruhe beobachten, wie die Fische sich am Korallenriff entlangtasten. Das Wasser ist ganz ruhig, und die Fische bewegen sich sehr langsam. Auch die Korallen bewegen sich nur langsam in der Strömung. Du riechst gebratenen Fisch und findest dich selbst kurze Zeit später mit deinen besten Freunden und deiner Familie beim Essen wieder. Die Hütte ist groß. Ihr habt einen wundervollen und entspannten Abend. Der Tisch ist reich gedeckt, die Stimmung ausgelassen, und es gibt viel zu erzählen. Nachdem das Essen beendet ist, gehst du wieder aus der Hütte über den Steg zurück zum Strand. Die Sonne ist schon fast untergegangen. Es ist aber immer noch sehr warm. Du gehst über den Strand zu den Dünen hinauf. Auf einer hohen Düne setzt du dich in den warmen, weichen Sand. Dein Blick ist aufs Meer gerichtet. Du beobachtest die untergehende Sonne. Neben dir hörst du das Strandgras im leichten Wind rascheln. Du findest an diesem Ort inneren Frieden und Ruhe. Du siehst die Sonne im Meer versinken. Jetzt spürst du Achtsamkeit, Glück und Liebe in dir. Spüre in diesen Moment hinein. Halte ihn nicht fest, sondern werde ein Teil von ihm. Niemand kann dir jemals diesen Moment nehmen. Es ist dein Gedanke in deinem Leben.

Komme langsam wieder zurück in die Realität und öffne deine Augen! Nachdem du die Augen aufgemacht hast, spüre in dich hinein! Wenn dir dies gefallen hat und du zu Ruhe gekommen bist, kannst du die Meditation gern an einem anderen Tag wiederholen. Es sei gesagt, dass dieses Rezept keine Nebenwirkungen hat. Wirklich keine.

Immer durchführen, wenn du Fernweh hast oder einen schönen Kurzurlaub verbringen möchtest!

Kapitel 22
Sport treiben

Diagnose: „Übergewicht haben"

Im Kapitel 3 – *Ein interessantes ausgeglichenes Leben* habe ich bereits den Bereich Körper und Geist angesprochen. Ich möchte in diesem Kapitel das Thema Körper noch einmal aufgreifen. Es ist relativ einfach. Du wurdest, genauso wie dein Geist, gesund geboren. Du warst vollkommen gesund und in einem perfekten Zustand. Schau dir die kleinen Kinder in der Krabbelgruppe oder beim Kinderschwimmen an! Diese Kinder haben keine Probleme mit Übergewicht und den vielen Krankheiten, die daraus entstehen können. Natürlich kann man diesem Thema skeptisch gegenüberstehen: Nicht alle Kinder werden gesund geboren. Aus göttlicher Sicht ist jedoch auch ein behindertes Kind nicht krank oder hat eine minderwertigere Seele als du und ich. Aber dies ist ein separates Thema für mein zweites Buch. Bleiben wir in diesem Kapitel bei den Kindern, die zunächst gesund geboren wurden. Du wirst mir sicher zustimmen, dass dies auf die meisten Kinder zutrifft. Im Laufe des Lebens wird dieser gesunde und absolut sich im Gleichgewicht befindende Körper aus der Balance gebracht. Die Gründe sind vielseitig. Auf der einen Seite gibt es ein Angebot an Lebensmitteln, das dir eine gute Chance bietet, übergewichtig zu werden. Auf der anderen Seite gibt es Stoffe im Essen, die süchtig machen. Oder wie in vielen Berichten zu sehen ist: Dein Belohnungssystem im Gehirn ansprechen. Dazu kommen der bereits beschriebene Stress und die Sichtweise, dass das Essen eine Belohnung für gute Arbeit oder eine besondere Leistung ist. Dieses Belohnungssystem existiert nicht nur in deinem Gehirn, sondern wurde auch den meisten von uns in der Kindheit beigebracht. Für ein artiges Verhalten gab es eine Tafel Schokolade an der Supermarktkasse. Wie auch immer. Dein System funktioniert so, dass es dich in das Übergewicht geführt hat. Decke diese Gedanken oder Belohnungssysteme auf! Es ist zunächst einmal wichtig, für dich zu erkennen, woher dein Übergewicht genau kommt. Darum ist es auch logisch, wenn du das nicht weißt, dass keine Diät zum Abnehmen funktionieren kann. Du musst zunächst deine Einstellung zu diesem Thema grundlegend und radikal ändern. Wenn du so weitermachst, wird das Übergewicht zu einer Krankheit führen. Auch das ist eine logische Schlussfolgerung. Dein Körper ist nicht dafür gemacht, dauerhaft schädliche Lebensmittel zu verarbeiten. Das Übergewicht wird dir Krankheiten wie Gelenkprobleme, Organschäden und viele andere populäre Krankheiten bringen. Wenn du möchtest, kannst du das ausblenden oder deine Krankheit, die du schon hast, einem anderen Umstand zuschreiben. Viele Krankheiten sind auch ein Zusammenspiel des Raubbaus, den du an deinem Körper treibst. Es ist wichtig, die Ursache für das Übergewicht zu finden und abzustellen. Erst wenn du diesen Umstand umgelenkt hast (siehe das Rezept „Ein anderes Belohnungssystem"), beschäftige dich mit dem folgenden Rezept!

Rezept: „Sport treiben"

Ein gesunder Körper ist nur ein Teil der vier Bereiche in deinem Leben, für den du dir Zeit nehmen solltest. Wenn du noch keine Sportart hast, suche dir eine Sportart aus, die du jeden Tag machen kannst! Diese Sportart sollte wetterunabhängig sein. Ich habe mich für einen Mix aus Fitnessstudio und Laufen entschieden. Im Fitnessstudio kann ich gezielt meinen Körper trainieren. Dort mache ich sehr viel für meinen Rücken. Und zwar nicht, weil er wehtut, sondern weil er in Zukunft nicht wehtun soll. Die Menschen in meinem Umfeld – ob jung oder alt – werden in der Regel erst aktiv, wenn ihnen etwas wehtut. Dabei ist doch jedem bekannt, dass die Wirbelsäule mit fortschreitendem Alter verschleißt. Die aufrechte Haltung des Menschen ist ungewöhnlich und bedarf einer starken Rückenmuskulatur. Deshalb trainiere ich vorbeugend meinen Rücken – ein Leben lang. Darüber hinaus laufe ich, weil ich es zu jeder Tages- und Jahreszeit machen kann. Das ist mein Sport, den ich liebe. Nach dem Training fühle ich mich immer großartig. Dieses Gefühl liebe ich und genieße die Zeit, wenn ich vom Sport zurückkomme. Im Fitnessstudio nutze ich zusätzlich die Sauna zur Entspannung. Dort meditiere ich. Das ist eines meiner schönsten Momente am Tag. Überwinde auch du deinen inneren Schweinehund! Wenn du wirklich deinen Weg voller Glück, Achtsamkeit und Liebe gehen willst, benötigst du einen gesunden Körper. Wie willst du dann die unbekannten Tiefen deiner Seele erkennen und achtsam ein Leben lang begleiten, wenn du nicht achtsam mit deinem Körper umgehst? Eine Ausrede, die ich an dieser Stelle immer wieder höre ist: Ich habe keine Zeit. Die Wahrheit ist: Wenn du deiner Persönlichkeitsentwicklung Zeit widmest, wirst du noch mehr Zeit gewinnen. Du beschäftigst dich nicht mehr Stunde um Stunde mit Gefühlen, die sich um deinen übergewichtigen Körper drehen. Es ist ein positiver Weg, den du Hand in Hand mit dir selbst gehen kannst, indem du alle vier Bereiche deines Lebens nach und nach ausbaust. Du wirst dafür belohnt. Nimm dir in deiner Planung den Bereich Körper und Geist vor! Erstelle dir einen Plan für dein Leben! Es ist der einzige Plan, der zum Erfolg führt. Ändere die Zeiten, in denen du in der Stadt umherläufst, stundenlang mit deinem Handy spielst oder dir Wiederholungen im Fernsehen anschaust! Dies sind Betäubungsprogramme, die dich im Leben nicht weiterbringen. Sie machen sogar krank. Du erkennst nicht mehr den Unterschied, was gut und was schlecht für dich ist. Wache aus deiner Matrix auf, und beginne dein eigenes stolzes Leben voller Achtsamkeit, Liebe und Glück!

Sport mit in den Lebensplan aufnehmen! Dieses Rezept hat wie alle anderen Rezepte keine Nebenwirkungen außer Glück.

Kapitel 23
Ein Leben in Meditation und Achtsamkeit

Diagnose: „Freie Zeit erarbeiten — und was nun?"

Da es in diesem Buch auch um Zeitmanagement geht, will ich dieses Thema genauer beleuchten. Bei meinen ersten Versuchen, mir ein gutes Zeitmanagement zu schaffen, habe ich einen grundlegenden Fehler gemacht. Ich habe die Zeit, die ich durch eine bessere Planung der Woche erlangt habe, in noch mehr Arbeit gesteckt. Es entstand freie Zeit, und ich habe sie totgeschlagen. Ich habe jedem erzählt, wie gut ich meine Zeit im Griff habe. Dennoch war ich ein gehetzter Mensch. Die Zeit beherrschte mich und war mein Taktgeber an jedem Tag. Ich war zu dieser Zeit noch nicht in der Lage, mir die Stunden und Tage sinnvoll einzuteilen. Mir war nicht klar, wie ich mit der neu gewonnenen Zeit umgehen sollte. Somit war es leicht, noch mehr zu arbeiten. Die Dinge, die wir in der Kindheit gelernt haben und uns zu Eigen gemacht haben, sind unsere Pulsgeber. Wir laufen, manche rasen sogar durch ihr Leben. Die Folge kann auch hier der berühmte Herzinfarkt sein. Andere hetzen zwar nicht, kommen aber vom Weg ab und verbringen viele Jahre in einer Sackgasse. Wer diese Schuhe der Kindheit oder das Gepäck des Lebens als ein schlechtes, ein inneres *ich muss* wahrnimmt, braucht dieses Buch, um zu erkennen, dass er die Wahl hat. Du kannst lernen, einen anderen Weg zu gehen. Du musst nicht in den Schuhen deiner Kindheit steckenbleiben. Das Zeitmanagement ist wichtig, will aber richtig angewendet werden. Dein Zeitplan darf nicht der Taktgeber für dich sein, sondern du entscheidest über den Zeitplan. Werde nicht zum Sklaven deiner Planung, sondern zum Herrscher über deine Zeit. Es gibt Menschen, die behaupten, keine Zeit zu haben. Sie sind vielleicht sogar stolz darauf, diese Aussage zu treffen. Bei einer Befragung von im öffentlichen Leben stehenden Personen über ihr teuerstes Gut, kommt bei vielen ganz vorn die Antwort: Zeit. Zeit kannst du nicht bezahlen, sie ist nicht käuflich. Zeit kannst du nur verschenken oder verschwenden. Menschen, die keine Zeit haben, werden oft als wichtig oder als besonders erfolgreich gesehen. In der freien Zeit eine „Pause" zu machen, mal nichts tun, auf der faulen Haut liegen, sich ausruhen, wird in unserer Gesellschaft als Faulheit, Nichtsnutzigkeit oder Trägheit bezeichnet. Diese negative Betrachtung prägt uns in der Kindheit. Tugenden wie Leistung, Arbeitseifer und Fleiß wurden als positiv angesehen. Bei guten Noten in der Schule bekommen wir Lob und Anerkennung. Wir leben in einer Leistungsgesellschaft. Wer viel schafft ist gut. Wer nicht mithält ist faul und minderwertig. So machst du dir selbst Vorwürfe, wenn du nicht alles schaffst und erledigst. So entsteht negatives Denken.

Es ist durchaus möglich, die Zeit zu vermehren. Der Begriff Achtsamkeit oder Muße sind hier von zentraler Bedeutung. Wenn du bereits den Schritt gegangen bist und dir einen guten Zeitplan erstellt hast, ist es nun wichtig zu üben, wie du mit der neuen Zeit umgehen solltest. Du hast jetzt freie Zeit und

Bereiche in deinem Leben, die du in der Vergangenheit vernachlässigt hast. Diese Bereiche werden jetzt zusammengeführt.

Rezept: „Ein Leben in Meditation und Achtsamkeit"

Achtsamkeit bedeutet ein intensives Leben und die Welt mit allen Sinnen genießen. Achtsamkeit ist der Fokus auf die wesentlichen Dinge. Besinne dich der Dinge, die du tust. Es bedarf vieler Meditationen in Achtsamkeit, um das innere Gejagtsein abzulegen. Ich höre immer wieder, dass es den Menschen schwerfällt zu meditieren, da sie ständig bei den Übungen einschlafen. Das ist gut. Das ist sogar sehr gut. Wenn du beim Meditieren oder der Achtsamkeitsübung einschläfst, kommt dein Körper zu Ruhe. Du solltest in diesem Fall deinen Zeitplan noch einmal überarbeiten und die Schlafzeiten prüfen! Erst wenn du ausgeschlafen bist und dich wohlfühlst, kannst du mit den Übungen beginnen. An diesem Punkt springen die Meisten schon wieder ab. Sie stellen fest: „Ich bin ausgeschlafen. Da kann ich ja gleich wieder etwas erledigen." Bleibe bei deinem Plan und komme nicht davon ab. Du bist sonst in wenigen Tagen oder sogar Stunden wieder bei deinem alten Programm. Wenn du ausgeruht bist, hast du die Basis für ein achtsames Leben. Verstehe mich nicht falsch. Achtsamkeit heißt nicht, sich in den Sessel zu setzen und zu dösen. Achtsamkeit bedeutet, das Leben mit allen Sinnen genießen und erkennen. Du entdeckst deine Umgebung mit anderen Augen. Alle Sinne sind geschärft. Du erlebst dein Umfeld. Du reagierst und agierst mit vollem Bewusstsein, bist ganz bei dir und im *Hier und Jetzt*. Menschen wie ich, leben im Gleichgewicht zwischen Achtsamkeit und den Aufgaben des Lebens. Finde einen Ausgleich zwischen diesen Bereichen! Beide Bereiche benötigen die gleiche Aufmerksamkeit und die gleiche Zeit. Nimm dir Zeit diesen neuen Bereich, den du vergessen hast, neugierig zu erkunden! Geh allein spazieren oder mach etwas Verrücktes – nur für dich! Finde dich selbst wieder! Es ist alles in dir vorhanden. Du hast es nur bei deinem täglichen Tun vergessen. Achtsamkeit und Meditation kannst du lernen. Dafür ist es nie zu spät. Es darf dir nur nicht an Zeit für diesen Bereich mangeln. Bring dein Zeitmanagement mit der Arbeit, deinem Partner und allen Dingen im Alltag überein! Berücksichtige aber zu gleichen Teilen die Bereiche Körper und Geist sowie Selbstverwirklichung! In diesen Bereichen wirst du mit der Achtsamkeit deine Seele und zurück zu deinen Wurzeln finden. Du wirst wieder zum Erschaffer und zum Schöpfer deiner Wirklichkeit.

Mach dich auf den Weg wieder Zeit zu haben! Du kannst die Zeit vermehren. Ein Seminar bei mir wird dir vorkommen wie eine Woche, obwohl du nur wenige Stunden bei mir warst. Zeit ist ein dehnbarer Begriff. Schnapp dir also deine fünf Sinne und lebe in Achtsamkeit mit dir selbst!

Mach ein Experiment und teile eine Woche spezielle Zeitfenster für Achtsamkeit ein! Überlege dir gut, was du in dieser Zeit machen möchtest!

Kapitel 24
Der Schlüssel liegt in der Stille

Diagnose: „Rastlosigkeit verspüren"

Der erste Teil meines Lebens bestand aus Rastlosigkeit. Ich füllte mein Leben mit unendlich vielen Tätigkeiten. Was mich damals antrieb – so weiß ich heute – war die Angst. Die Angst zu versagen. Ich hatte Angst, meinen Eltern nicht gerecht zu werden. Ich wohnte bereits lange allein und hatte nur noch sporadisch Kontakt mit meinem Elternhaus. Dennoch war dieser angstvolle Einfluss immer noch da. Viele Dinge begleiten uns ein Leben lang unbewusst. Finde solche Angstmuster heraus, die zu deiner Rastlosigkeit führen. Die Rastlosigkeit kann bei dir auch völlig andere Gründe haben. Wichtig ist, dass du diese Gründe erkennst. Ich kann nicht beurteilen, ob es reicht mein Buch zu lesen, um Erkenntnis zu erlangen. Vielleicht ist es nötig, erst einen körperlichen Zusammenbruch oder den Verlust eines lieben Menschen zu erleben, um aus dem Laufrad der Rastlosigkeit auszusteigen. Ich habe keine Statistik gefunden, die darüber Auskunft gibt. Bei mir war es beides. Ich habe sowohl einen wichtigen Menschen verloren als auch einen Zusammenbruch erlitten. Dennoch kamen Einsicht und Erkenntnis zeitversetzt. Es ist nicht wichtig wann du diese Erkenntnis im Leben hast, sondern dass du sie hast. Dein jetziger Zustand ist nämlich nicht der natürliche Zustand. Selbst wenn du nur einen Tag in voller Erkenntnis deiner selbst und in voller Harmonie mit deiner Seele bist, hat sich der ganze Weg gelohnt. Mach dich frei von dem Zeitgedanken! Es ist nicht wichtig wie alt oder wie weise du bist. Es ist ganz allein entscheidend, dass du den Weg findest. Viele steigen aber auch nach dem Herzinfarkt wieder in das alte Hamsterrad ein. Sie haben zwar von den Ärzten erfahren, dass wenn sie so weiter machen, ein nächster Herzinfarkt vorprogrammiert ist (auch ein Buch über Entspannung und Achtsamkeit wird parallel in kurzer Zeit gelesen), aber dann kommt die Einsicht: Das ist nichts für mich. Das bekomme ich im Terminkalender nicht unter. Was soll ich still rumsitzen und nichts tun? Das gibt ergibt keinen Sinn. Und so weiter.

Der Antrieb zum Umdenken muss aus dem eigenen Inneren kommen. Ein Impuls kann von außen gesetzt werden, aber der Prozess muss bei dir selbst beginnen. Solange du den Yoga-Kurs und den Meditationsabend irgendwie mit in den Terminkalender reinstopfst, bist du nicht am Ziel. Diese Dinge sollen Freude bringen und deinen Tag entzerren. Bei vielen Gesprächen höre ich oft: „Ich schaue mal, ob ich damit nächstes Jahr anfange." Wenn du nicht bereit bist und den Mut hast, jetzt in diesem Moment zu beginnen, wo dir alle Informationen vorliegen, wirst du sicherlich auch im nächsten Jahr wieder einen vollen Terminkalender haben. Ich will dich nicht überreden. Das würde nichts bringen. Ich möchte dir aber klarmachen, dass du hier eine riesige Chance hast. Im Rezept möchte ich dir vom Schlüssel erzählen und von den Gefühlen, die dich erwarten.

Rezept: „Der Schlüssel liegt in der Stille"

Dass der Schlüssel in der Stille liegt, war mir auch nicht von Anfang an klar. Ich habe viele Meditationen unter Anleitung gemacht. Ich habe anfangs auch nur Meditationen gemacht, die inhaltlich mit meinen Gedanken zu tun hatten. Das heißt, ich habe Ausflüge, wie in der Waldmeditation beschrieben, gemacht. Das waren alles sehr erfolgreiche Meditationen, aber die eigentliche *Stille Meditation* habe ich erst viel später kennengelernt. Eigentlich ist dies die erste wahrhafte Meditation.

Sie ist so simpel, aber dennoch nicht einfach zu meistern. Dazu begibst du dich wie gehabt in die Meditationsposition und versetzt dich in einen ruhigen Zustand. Dann bleibst du ganz ruhig und lässt alle aufkommenden Gedanken an dir vorbeiziehen. Ich mache diese Übung übrigens immer in Zusammenhang mit der Waldmeditation. Ich lasse jedoch den Wasserfall weg. Wenn meine Gedanken dann abschweifen, kann ich immer wieder in meine Meditationsposition auf der Waldlichtung zurückkehren. Es ist keine leichte Meditation. Gerade zu Anfang führt diese Meditation zu Frust, da die Gedanken ständig die Stille stören. Arbeite daran und nach einigen Wochen wirst du die ersten Minuten in Stille genießen können. Wenn du aus der Meditation in dein „reales" Leben zurückkehrst, beobachte einmal wie achtsam du bist. Du triffst deine Entscheidungen bewusster. Du bist näher an deiner Seele als an deinen Gedanken. Die Erfahrungen rücken in den Hintergrund und du machst Platz für neue Gedanken und Handlungen. Glaub mir, die größten Erfolge und die weisesten Entscheidungen kommen aus der Stille! Wenn du einen emotionalen Tiefpunkt in deinem Leben erreicht hast oder wie in der Diagnose beschrieben einen Menschen verloren hast bzw. einen Zusammenbruch hattest, ist dies der beste Zeitpunkt um zu entschleunigen. Ich hatte nach meiner Entschleunigung ein richtig schlechtes

Gewissen. Ich konnte auf der einen Seite mein Glück kaum fassen. Auf der anderen Seite dachte ich aber auch etwas völlig Falsches zu machen. Während der Arbeit fragte ich nach einer Woche die Kollegen, ob ihnen etwas an mir aufgefallen wäre oder ob ich mich verändert hätte. Alle sagten mir, ich wäre wie immer. Vielleicht etwas ruhiger und konzentrierter. Mir kam es vor, als wäre mein ruhiges Verhalten sehr auffällig. Wenn du einen Vortrag halten musst, ändere einmal deinen Stil. Sprich sehr langsam und mach viele Pausen! Wenn du danach deine Kollegen oder deine Zuhörer fragst, wie sie deinen Vortrag fanden, wirst du sicherlich eine ähnliche Erfahrung machen, wie ich sie gemacht habe.

Stelle dir eine Symphonie oder ein klassisches Musikstück ohne Pausen vor! Es würde schrecklich klingen. Die Pausen sind genauso wichtig wie die Töne, obwohl sie ja eigentlich gar nicht zu hören sind. Fasst man die Pausen zusammen oder die Töne der Musik, wären entweder nur Stille oder durchgehende Geräusche wahrzunehmen. Erst die richtige Balance zwischen beidem macht ein Meisterwerk aus. Die Ausgewogenheit ist der Schlüssel. Pausen im Vortrag, in der Musik oder im Leben sind gleichberechtigte Partner. Oft vergessen wir das und lassen die Pausen weg. Am Ende des Tages wundern wir uns, wenn wir kein Meisterwerk erschaffen haben. Vielleicht haben die Pausen gefehlt.

Zwischen deinem jetzigen rastlosen Verhalten und einem entschleunigten Leben ist keine große Diskrepanz. Mach einfach den Versuch, bei bestimmten Gelegenheiten wie einem Vortrag oder einem Projekt, mit der Entschleunigung zu beginnen! Du wirst ein Wunder erleben. Erkenne, dass deine größte Leistung aus der Stille hervorgeht! Jetzt kannst du anfangen wirklich zu leben. Hör dir selbst und anderen Menschen aufmerksam zu. Wenn du über diese Stille zuhörst, wirst du alle Antworten bekommen. Wenn du mit dem Änderungsprozess begonnen hast, wirst du immer wieder merken, wie du in alte Muster verfällst. Das ist überhaupt nicht schlimm. In dem Moment wo du dies erkennst, sei dankbar. Es ist eine Chance, erneut einzugreifen und zu entschleunigen. Nimm dich in diesen Momenten zurück und atme mit geschlossenen Augen tief durch! Danach lass dir bei dem, was du auch immer machst, Zeit. Beginn eventuell neu oder mach dir erst einmal eine Übersicht über das, was du wirklich heute noch machen möchtest! Entscheide neu und mach dich nicht zum Sklaven der Zeit und der Rastlosigkeit! Du hast jetzt die Chance, einen neuen aufregenden Weg zu gehen. Glaub mir – es lohnt sich sehr! Ich habe – wie bereits schon gesagt – nicht nur die Liebe, die Achtsamkeit und das Glück gefunden. Ich habe darüber hinaus auch noch meinen Traumberuf und unbegrenzte finanzielle Mittel. Beginn mit kleinen Schritten und brich auf in dein neues Leben!

Die Achtsamkeitsmeditation einen Monat lang jeden Tag zweimal für fünfzehn Minuten durchführen!
Achtsames Verhalten, wenn die Rastlosigkeit eintritt!

Kapitel 25
Es lohnt sich zu kämpfen

Diagnose: „Am Resultat zweifeln"

Nachdem du nun viele Seiten in diesem Buch gelesen hast, kommen dir Zweifel, ob diese Dinge wirklich das Richtige für dich sind? Stell dir die Frage, ob du dich in deiner jetzigen Haut wohlfühlst! Möchtest du so weitermachen, wie du es bisher gemacht hast? Erfährst du schon tiefe und bewegte Momente des Glücks und der Achtsamkeit? Wenn du diese Zustände noch nicht erreicht hast und wenn du gern ein Leben voller Glück führen möchtest, dann zweifle nicht am Resultat, bevor du wirklich mit dem Prozess begonnen hast! Auch mein Weg war nicht von Anfang an sofort mit Resultaten bestückt. Ich habe zunächst viele Jahre meditiert und in zwei Welten gelebt. Das *reale Leben* und das Leben in der geistigen Welt – der Meditation. Meine Erlebnisse waren so einschneidend, dass ich eine Verbindung zwischen diesen zwei Welten überhaupt nicht für möglich gehalten habe. Die Meditation hat mich jeden Tag in eine schöne, heile Welt entführt. Dort konnte ich mich austoben, brauchte keine Konsequenzen fürchten. Es gab keine Grenzen oder andere Menschen, die mich bremsten. Diese unbeschwerte Zeit in der Meditation konnte ich jedoch zu diesem Zeitpunkt noch nicht in das *reale Leben* transportieren. Trotz dieser positiven Erfahrungen habe ich die Meditation damals auch in Frage gestellt. Erst viele Jahre später habe ich zusätzlich zur Meditation Achtsamkeit für mich entdeckt. Ich meditierte zwar damals, aber im Alltag ging ich achtlos mit mir um. Ich sah nur die Meditation und parallel dazu meinen Alltag. Dass sich diese beiden einmal mischen würden, konnte ich mir nicht vorstellen. Durch die Achtsamkeit entstand eine neue Sichtweise auf mein Leben. Die Meditation half mir, durch den achtsamen Umgang im Alltag auch dort glücklich und liebevoll mit mir umzugehen. Dennoch brauchte es viele Jahre des Übens und des Ausprobierens, bis ich vollkommen angekommen war. Du siehst, das Resultat ist nicht mit einem Fingerschnipp da. Und dennoch bin ich der festen Überzeugung, dass du alles in diesem Moment erreichen kannst. Du musst nur den Mut haben einen radikal anderen Weg zu gehen. Das Resultat wird sich bereits im Moment deiner Entscheidung einstellen. Ich habe allerdings nur von einem Menschen gehört, dem dies gelungen ist. Was ich dir sagen will ist, dass du es einfach ausprobieren musst. Folge deiner Seele! Sie ist da und sie ist ohne Wertung und ohne Ziel. Sie ist das Licht in dir. Diese Seele ist unantastbar und strahlt über alles hinweg. Sie ist vor dir und nach dir und sie ist ohne Zeit.

Rezept: „Führe die Rezepte aus, auch wenn sie dir nicht immer schmecken"

Wenn du in die Apotheke gehst und ein Medikament für deine Krankheit abholst, dann schmeckt dir das auch nicht immer. Du wunderst dich aber später, wie toll es geholfen hat. Mit meinen Rezepten ist es auch so. Du musst nicht alle Rezepte gern ausführen, dennoch empfehle ich dir, es zu tun. Wenn du die Übungen komplett erledigt hast und sich für dich kein Resultat ergibt, dann kannst du gern am Ergebnis zweifeln. Vorher aber auf keinen Fall! Wenn du die ersten Augenblicke voller Achtsamkeit erlebst, werden die folgenden Momente genauso unglaublich werden. Bau deine Achtsamkeit und deine neuen, unglaublichen Fähigkeiten langsam aus! Wenn du durchhältst, wirst du Momente vollkommenen Glücks und tiefster Zufriedenheit ein Leben lang erleben. Dafür lohnt es sich, etwas mehr zu investieren als nur einen skeptischen Blick auf diese Seiten. Es bedarf der vollen Hingabe und dem vollen Einsatz. Übe mit den Rezepten immer weiter, auch wenn dein Kopf dir sagt, es würde sich um Zeitverschwendung handeln. Führe die Übungen mit vollem Einsatz aus. Versuche dich nicht nur ein bisschen zu konzentrieren, sondern nimm deine ganze Kraft zusammen! Wie soll es auch anders gehen? Wenn es so einfach wäre, würden alle Menschen, die jemals dieses oder ein ähnliches Buch gelesen haben, das vollkommene Glück leben. Von daher brauchst du viel Zeit und Ehrgeiz um diesen einzigen richtigen Weg zu gehen. Das Ziel ist Glück, Achtsamkeit und Liebe! Erst wenn du (wie ich) am Ziel bist, wird dir klar, wie wichtig der Weg war und dass es im wahrsten Sinn um Leben und Tod bei diesem Prozess ging. Wenn du mit den Rezepten arbeitest, wird dein Kopf dir dauerhaft Botschaften schicken, die dich zum Aufgeben bewegen sollen. Das sind Ängste vor Veränderung, die von deinen Erfahrungen herrühren. Lass diese Gedanken weiterziehen und beschäftige dich nicht damit! Du hast dich entschlossen, das Ergebnis abzuwarten und nicht mitten im Prozess oder im Rezept die ganze Sache in Frage zu stellen. Gehe wieder liebevoll mit dir um! Es ist an der Zeit achtsam zu werden! Der Strom des Lebens wird immer schneller und die Möglichkeiten, deinen Geist zu beeinflussen, immer größer. Es ist an der Zeit, das Ruder herumzureißen und den Fluss in einer anderen Richtung zu befahren. Dabei kann es sein, dass du Freunde verlierst oder auch das Boot Schiffbruch erleidet. Denk aber daran: Das Ergebnis ist unendliches Glück! Dafür lohnt es sich zu kämpfen. Alles was ich in diesem Buch schreibe, kommt dir vielleicht neu und hoch interessant vor. Ich kann dir aber sagen, es gibt viel Literatur die dasselbe oder ähnliches aussagt. Ich habe das Rad nicht neu erfunden. Ich habe aber den Schlüssel gefunden und mein eigenes Paradies hier auf Erden aufgeschlossen. Wie gesagt: „Führe die Rezepte aus, auch wenn sie dir nicht immer schmecken!" Das ist der Weg zur Heilung und zur freien Sicht auf deine Seele, die schon immer da war.

Jeden Tag dranbleiben und die Übungen durchführen!

Kapitel 26
Schlafen ist wie eine Meditation

Diagnose: „Zu wenig Schlaf bekommen"

Wenn die Tage in meinem früheren Leben zu voll waren, habe ich die Zeit, in der ich sonst geschlafen habe, verkürzt. Abends bin ich zwar total erledigt ins Bett gefallen, aber nach vier oder fünf Stunden hat schon wieder der Wecker geklingelt. Ich bin sofort nach dem ersten Ton aufgestanden. In dieser Zeit habe ich stark zugenommen. Auch meine Reizgrenze war sehr niedrig. Bei der kleinsten Belastung bin ich an die Decke gegangen. Durch den Schlafmangel war auch mein natürliches Tief nach dem Mittagessen sehr ausgeprägt. Nach dem Mittag hatte ich alle Mühe nicht einzuschlafen. Ich war damals fest der Meinung, dass ich die Stunden, die ich nicht schlafen würde, sinnvoll für meine Arbeit einsetze. Dadurch hätte ich mehr Zeit. So dachte ich damals. Der Schlafmangel hat aber paradoxerweise ganz andere Auswirkungen, als ich mir damals erhofft habe. Zunächst einmal hat meine Kreativität stark abgebaut. Ich habe Entscheidungen sofort und schnell entschieden. Es gab keine Überlegung, eventuell die Angelegenheiten aus einer anderen Sicht zu betrachten. Dadurch habe ich auch alle Signale übersehen, die schließlich zu meinem Zusammenbruch führten. Der Schlafmangel sorgt auch dafür, dass die Verdauung nicht richtig arbeiten konnte. Dadurch habe ich stark zugenommen. Da diese Phase nur einige Jahre bei mir anhielt, haben sich die gesundheitlichen Langzeitschäden in Grenzen gehalten. Wenn dieser Zustand jedoch über viele Jahre anhält, kann es zum Herzinfarkt, Tinnitus und vielen anderen Krankheiten kommen. Im Schlaf werden auch viele Alltagsthemen im Gehirn verarbeitet. Auch neue Verknüpfungen von Erfahrungen entstehen im Gehirn. Wenn diesem Prozess nicht genügend Zeit gegeben wird, führt dies dauerhaft zu Mangelerscheinungen. Da ich diese Infos aber damals nicht hatte, war ich der Meinung, mehr Zeit für die Arbeit zu haben. Das Aberwitzige ist, dass durch den Schlafmangel das Realitätsbewusstsein stark eingeschränkt ist. Dadurch war ich für die Warnungen meiner Familie und Freunde nicht offen. Ich wusste es einfach besser. Hätte ich in dieser Zeit vier Wochen im Kloster verbracht oder nur meditiert, hätte mir dies mit Sicherheit die Augen geöffnet. Es hätte aber eine gewisse Zeitspanne gedauert, bis die Einsicht eingekehrt wäre. Genau diese Zeitspanne ist das Entscheidende. Die eigene Einsicht kann nur einkehren, wenn du aufmerksam und achtsam bist. Aber um aufmerksam und achtsam zu sein, benötigst du Einsicht. Das ist bei vielen Menschen das Problem. Die Basis für Achtsamkeit ist auf jeden Fall ein gesunder Schlaf. Wenn du zu wenig schläfst, wird es dir sehr schwerfallen, bei den ersten Meditationen oder Achtsamkeitsübungen nicht sofort einzuschlafen. Wenn du doch einschläfst, solltest du deine tägliche Schlafzeit verlängern. Ein Leben auf der Überholspur in Stress und Hektik abzulegen, bedarf der Änderung von vielen Gewohnheiten. Wenn du den Schlafmangel anderen gegenüber als Statussymbole benutzt, wie auch die Aussage keine Zeit zu haben, bist du hier genau richtig. Überdenke alle Abläufe in deinem Leben, die zu Krankheiten führen. Durch die Achtsamkeit kannst du nicht nur falsche Abläufe aufspüren, sondern sie auch abstellen bzw. in Liebe verwandeln.

Rezept: „Schlafen ist eine andere Form von Meditation"

Zunächst einmal musste ich mir damals eingestehen, dass ich zu wenig schlafe. Dieser Aspekt wurde mir bewusst, als ich achtsam mein Leben betrachtet habe. Mir ist natürlich noch viel mehr aufgefallen, aber in diesem Rezept geht es um den Schlaf. Ich habe mich intensiv mit meinem Schlafrhythmus beschäftigt. Über viele Monate kontrollierte ich meine Schlafzeit. Ich habe mit fünf, sieben und neun Stunden Schlaf experimentiert. Meine optimale Schlafzeit liegt bei acht Stunden. Wenn ich viel Sport treibe, benötige ich eine Stunde mehr. Finde auch du deine optimale Schlafzeit und -länge heraus! In deinem Leben können nur Wunder einkehren, wenn du dir genügend Zeit zum Schlafen nimmst. Ich habe gelesen, dass Schlafen eine spirituelle Praxis ist. Somit bin ich auf die Idee für dieses Rezept gekommen, dass Schlafen eine andere Form der Meditation ist. Es ist enorm wichtig zu erkennen und zu akzeptieren, dass erholsamer Schlaf ein wichtiger Bestandteil deines Lebens ist. Egal was es für andere wichtige Dinge gibt – der Schlaf in der richtigen Länge ist die Basis für alles. Nachdem ich meinen Schlafrhythmus auf acht Stunden verlängert hatte, hat sich einiges in meinem Leben verändert. Zunächst einmal habe ich abgenommen. Dies ist sicherlich nicht nur dem gesunden Schlaf zu verdanken, aber es ist ein Baustein. Das ganze Leben besteht aus solchen Bausteinen. Betrüge dich nicht selbst und betrachte deine Mängel oder deine Unzulänglichkeiten nicht separat! Betrachte immer das Ganze!

Wenn ich heute aufwache, bleibe ich erst einmal liegen und versuche zu erfühlen, wo meine Gedanken zuletzt waren. Habe ich ein Gefühl von Freude oder habe ich gerade noch in wilden Träumen Dinge verarbeitet? Fühle in deinen Geist hinein! Wenn ich meine Gedanken der Nacht erfasst habe, beginne ich an jedem Morgen mit dem gleichen Ritual. Ich beginne den Tag mit dem Mantra oder dem Spruch: „Ich entscheide mich glücklich zu sein". Da du genauso wie ich jeden Morgen eine neue Entscheidung treffen kannst, habe ich mich entschieden, mich jeden Morgen für Glück zu entscheiden. Dies ist ein machtvolles Werkzeug für deinen Tag und auch für dein ganzes Leben. Wenn ich morgens aufstehe, tue ich es mit einem Lächeln. Mein Tag ist in diesem Moment schon gerettet. Wenn du dieses Ritual für Unsinn hältst oder der Meinung bist, ich rede mir da etwas ein, dann gebe ich dir nur bei der zweiten Aussage Recht. Ja, ich rede mir etwas ein. Oder anders gesagt: Ich erschaffe mir neue Gedanken und erzeuge eigene positive Erinnerungen. Damit kann ich nur bestätigen, dass dieses kleine Ritual und die Verlängerung der Schlafzeit zwei wichtige Punkte in meinem Leben auf dem Weg ins Glück sind.

Finde deine optimale Schlafzeit heraus und halte sie 7 Tage die Woche, 365 Tage im Jahr ein!

Kapitel 27
Vergebung

Diagnose: „Sich selbst angreifen und nicht vergeben können"

Vor einiger Zeit war ich auf einer Feier. Auf dieser Feier habe ich jemanden getroffen, mit dem ich eine gemeinsame Vergangenheit habe. Wir sind im Laufe des Abends ins Gespräch gekommen. Er berichtete mir, dass er mit der gleichen Person – wie ich auch – schlechte Erfahrungen gemacht hatte. Er wurde vor einigen Jahren genauso von dieser anderen Person betrogen. Er berichtete mir ausführlich, wie die Sache damals gelaufen war. Im Gespräch konnte ich beobachten, wie er deswegen immer noch mit seinen Emotionen kämpft. Er berichtete mir weiter, dass die Chance an sein Geld zu kommen, bei nahezu null Prozent liegt. Ich konnte ihm aufgrund meiner Informationen und eigenen Erfahrungen nur zustimmen. Er sagte mir, er habe großen Groll und wäre sehr enttäuscht von dieser Person. Genau diesen Groll und diese Enttäuschung sind die von mir in der Diagnose gemeinten Angriffe – auf dich selbst. Wenn du noch *offene Rechnungen* mit einem anderen Menschen hast, oder der Meinung bist, du wurdest schlecht behandelt, mach dich auf den Weg dies zu hinterfragen! Wenn du Groll und Enttäuschung gegenüber anderen Personen empfindest, richtest du auch immer diesen Groll und die Enttäuschung gegen dich. Was passiert denn, wenn du enttäuscht wirst? Gibt es einen Unterschied bei den Gefühlen von Enttäuschung gegenüber einer anderen Person und dir? Nein, entscheidend ist, dass du negative Gefühle hast. Diese machen keinen Unterschied, ob sie sich gegen eine andere Person oder gegen dich selbst richten. Ein Mentor sagte mir einmal: „Durch deinen Angriff auf jemand anderen, greifst du dich immer selbst an und machst dich zum Opfer des anderen." Das erschließt sich nicht gleich jedem. Werde dir immer wieder bewusst oder fühle in dich selbst hinein! Groll oder Enttäuschung gegen andere Menschen fühlen sich genauso an wie Groll oder Enttäuschung gegen dich selbst. Wenn du diesen Sätzen Glauben schenken kannst, bist du auf dem richtigen Weg. Jetzt begreife, dass ein dauerhafter Angriff auf dich selbst krank macht. Es sind die vielen kleinen Angriffe im Alltag auf dich selbst. Entweder durch andere oder durch dich selbst. Die Krankheiten können auch hier erst viele Jahre oder Jahrzehnte später auftreten. Sie können sich in Form von Sodbrennen bis hin zu Krebs in jeder Form zeigen. Komm aus der Opferrolle heraus! Wenn du weiterhin das Opfer anderer bist oder das Opfer von Umständen, die durch andere Personen ausgelöst werden, wird dich das immer zu Enttäuschung und somit auch in die Krankheit führen. Mach einmal das bewusste Experiment, an jemanden zu denken, mit dem du eine offene Rechnung hast! Spür in dich hinein! Wie fühlt sich das an? Im nächsten Schritt denk an etwas, das du ganz allein *verbockt* hast! Du wirst feststellen, dass es sich um die gleichen Gefühle handelt. Jetzt wirst du sagen: „Aber wenn mir jemand Geld klaut oder mich betrügt, dafür kann ich doch nichts. Ich bin halt sauer und enttäuscht von der anderen Person!" Genau da fängt der Fehler an. Doch – du kannst etwas dafür. Du warst an der Situation beteiligt. Du hast bei der Enttäuschung mitgewirkt. Besser noch: Du entscheidest dich, die gesamte Verantwortung für die Misere zu übernehmen. Nur wenn du die gesamte Verantwortung übernimmst, kannst du – wie du im Rezept sehen wirst – auch die Opferrolle verlassen. Gib nicht die Verantwortung für einen sogenannten Fehler oder eine Enttäuschung an andere Personen oder das Leben ab. Damit wirst du dich immer zum Opfer machen. Wenn du ein Opfer bist, kannst du dich nicht befreien und keine Vergebung erzeugen. Du kannst nicht für einen anderen Menschen oder für das Leben handeln. Das geht nicht. Du kannst nur für dich selbst handeln. Ich versuche es noch einmal mit einem weiteren Beispiel, um dir die Situation des Opfers besser zu erklären:

Du führst ein Gespräch mit deiner Mutter. In diesem Gespräch kommt es zum Streit zwischen euch. Ein Wort gibt das andere und am Ende verlässt du das Haus im ungeklärten Zustand. Du bist enttäuscht und hegst Groll aufgrund des Streites. Jetzt kannst du dich für zwei Wege entscheiden. Der erste Weg ist: Du gibst die Schuld und somit die Macht an deine Mutter. Sie ist schuld oder teilweise schuld am Streit. Du bist das Opfer, deine Mutter der Täter. Wenn du die Sache so siehst, muss deine Mutter den nächsten Schritt machen, um das von ihr geschaffene Problem mit dir zu lösen. Du hast inneren Groll und Enttäuschung. Nur deine Mutter ist in der Lage, diese Problematik zu lösen. Damit hast du dich als Opfer entschieden, keine Möglichkeit mehr zu haben, diese Gefühle bejahend gehen zu lassen. Der zweite Weg wäre gewesen, das Gespräch reflektieren zu lassen. Zu erkennen, dass zu einem Streit immer zwei gehören. Du entscheidest dich bewusst, die Handlung deines Lebens in die Hand zu nehmen und dich zum Täter, zum Entscheider zu machen. Du machst dich zu einem Erschaffer. Ein Erschaffer deiner eigenen Wirklichkeit. Geh noch einen Schritt weiter und sage dir, du hast die alleinige Macht, die Enttäuschung und den Groll in dir selbst gehen zu lassen! Wer soll das auch anderes machen außer dir selbst. Geh zu deiner Mutter und bereinige die Situation! Du wirst merken, wie wunderbar es ist, nicht als Opfer, sondern als Täter (als Erschaffer) aufzutreten. Vielleicht bist du in der Zukunft sogar in der Lage, den Streit gar nicht erst entstehen zu lassen. Alle Personen, mit denen du eine Rechnung offen hast, haben in den Situationen so gehandelt, wie sie konnten, sonst hätten sie anders gehandelt.

Als Erschaffer deiner eigenen Wirklichkeit bist du in der Lage über den Dingen zu stehen. Wenn du diese Botschaft verstanden und für deine Wahrheit erkannt hast, dann mach dich auf den Weg, alle deine sogenannten *offenen Rechnungen* auf den Tisch des Lebens zu holen! Mach deinen Frieden mit diesen Dingen oder Personen! Beginn mit der Vergebung!

Rezept: „Vergebung"

Vergebung ist ein unglaublich großes Werkzeug in deinem Leben. Denk einmal an die Geschichte von Jesus und der Kreuzigung! Da wird berichtet, dass Jesus sogar denen vergeben hat, die ihn gekreuzigt haben. Du glaubst, du kannst das nicht? Ich bin der festen Überzeugung, dass du das kannst. Ich habe schon oft in diesem Buch darüber berichtet, dass du eine Wahl hast. An dieser Stelle ist es wichtig, diesen Punkt erneut aufzugreifen. Du hast immer die Wahl, dich für Groll und Enttäuschung zu entscheiden oder für Vergebung. Hier ist es genauso wie zuvor beschrieben. Wenn du anderen vergibst, vergibst du immer auch dir selbst. Erinnere dich an den letzten Streit! Nachdem du dich mit der Person, mit der du dich gestritten hast ausgesprochen hattest, ging es dir besser. Du bist einen Schritt auf die andere Person zugegangen. Dieses Gefühl der Vergebung sollte dich motivieren. Baue dieses Gefühl weiter aus und vergib allen Menschen, die dir einfallen! Du kannst dich dazu entscheiden. Die Geschichte von Jesus zeigt, dass du sogar deinen schlimmsten Peinigern vergeben kannst. Werde zum Erschaffer deiner Wirklichkeit. Übrigens – der Person, die im ersten Beispiel genannt wurde, habe ich vergeben. Ich habe ihr vergeben und bin sogar noch einen Schritt auf sie zugegangen, indem ich ihr bei Problemen geholfen habe. Diese Überwindung und Vergebung hat mir die größte Freiheit in meinem Leben gebracht. Ich habe in mir und mit mir einen neuen Weg eingeschlagen. Wenn ich die Geschichte erzähle, erhalte ich von meinem Gesprächspartner oft Respekt. Im gleichen Atemzug sagen sie aber, sie hätten das nicht gekonnt. Ich bin der Meinung, jeder kann das. Jeder Mensch ist in der Lage, ein Meister und ein Erschaffer seiner Welt zu werden. Nur wenn du anderen vergeben kannst, kannst du im Umkehrschluss dir selbst vergeben. Groll und Enttäuschung entfernen dich von deiner Seele. Du bist in Gedanken immer noch bei der anderen Person und kannst nur negative Gefühle in dieser Situation empfinden. In dem Moment, wo du aber mit der Vergebung beginnst, begibst du dich auf den Weg in die Freiheit. Du bist deiner Seele wieder ein Stück näher gekommen. Vergebung ist keine einmalige Sache, sondern ein immerwährender Prozess. An jedem Tag in deinem Leben. Mit der Vergebung kannst du die Vergangenheit loslassen und das Anhaften an die Vergangenheit beenden. Dies wird dich in die Gegenwart bringen und dein Leben wiedererwecken. Öffne dich für das Leben voller Wunder. Es bedarf allerdings der Übung und der täglichen Arbeit an diesem Thema, um die eingefahrenen Bahnen der Vergangenheit zu verlassen. Nicht verzeihen zu können, beschränkt dich in deinem Handeln. Vergebung öffnet dir die Tür zum inneren Licht zu deiner Seele und zu Gesundheit und Wohlbefinden. Es lohnt sich, mit diesem Thema nicht nur zu arbeiten, sondern zu leben. Du wirst auch hier unendlich belohnt.

Vergebung heißt aber nicht sich alles gefallen zu lassen, wehrlos jeden Streit hinzunehmen oder jemandem, der einen mobbt, jedes Mal zu vergeben. Bei diesem Rezept geht es darum, die tieferen Mechanismen unserer Gefühlswelt zu erkennen. Es kommt nur auf das Gefühl an, das du empfindest. Um vergeben zu können, musst du dich aus deiner Verstrickung lösen und eine Stufe aufsteigen, um die Sache aus der Vogelperspektive sehen zu können. Dann kannst du objektiv mit den Werkzeugen dieses Buches eine andere Entscheidung treffen – die Entscheidung zu vergeben. Du wirst dich damit besser fühlen und nicht mehr als Verlierer. Wenn du diese Erkenntnis besitzt, macht dich das ungeheuer stark. Du bist der Gewinner, obwohl du vergeben und verziehen hast. Dies wirkt zunächst wie ein Widerspruch. Unsere Gesellschaft hat Worte wie „vergeben" oder „verzeihen" mit Schwäche belegt, „siegen", „kämpfen" und „gewinnen" hingegen mit Stärke. Vermutlich, weil du viel Stärke benötigst, um diese Gefühle auszuhalten.

Vergebung findet nur in deinem Kopf statt. Du bist Herr deiner Gedanken.

Beginn mit einem für dich wichtigen Thema: Wo hast du noch nicht vergeben? Dann weite dein Handeln auf alle anderen beschränkten Situationen deines Lebens aus!

Kapitel 28
Das konkrete Ziel

Diagnose: „Die Wichtigkeit der Zielsetzung aus den Augen verlieren"

Ich habe bereits in einem früheren Kapitel über die Ziele im Leben gesprochen und wie du einen Zielplan erstellen kannst. In diesem Kapitel möchte ich erneut auf das Thema Ziele eingehen, da sie enorm wichtig sind für ein Leben voller Glück, Achtsamkeit und Liebe. Wenn du keine Ziele im Leben hast, fehlt dir schlicht und einfach der Antrieb. Albert Einstein hat uns die Relativitätstheorie beschert. Alle Dinge haben in der Gefühlswelt wie auch im Sichtbaren einen Gegenpol oder eine Relativität. Genauso ist es mit den Zielen. Wenn du keine Ziele hast, hast du keinen relativen Bezugspunkt deines Ist-Zustandes zu einem Ziel-Zustand. Die Zeit spielt dabei wieder nur eine untergeordnete Rolle. Setze dir nicht nur große Ziele, sondern unterteile sie in Zwischenziele, dann ist die Chance sehr hoch, dass du sie auch erreichst!

Bei der Relativität der Ziele geht es darum, den jetzigen Zustand deines Seins in einen anderen zu verwandeln. Der Weg zu diesen Zielen ist der Sinn des Lebens. Je konkreter die Ziele benannt sind, desto wahrscheinlicher ist das Erreichen dieses Ziels. Ich hatte das Ziel, so viel Geld zu verdienen, dass ich glücklich bin, die Summe spielt dabei eine untergeordnete Rolle. Ich habe zu diesem Zeitpunkt mein erstes Zwischenziel erreicht. Es ist wundervoll, diese Ziele zu erreichen und sie dann gebührend zu feiern. Ein weiteres Ziel von mir war, ein Buch zu schreiben. Mit der beharrlichen Verwirklichung meiner Ziele ist dieses Buch überhaupt erst möglich geworden. Ich bin nun schon seit einigen Jahren dabei, aber der Weg ist auch hier das Ziel. Jeder Tag, den ich schreibe, ist wie eine Meditation oder die Ausübung meiner Lebensphilosophie. Versteh Ziele nicht als Druck! Ziele sollten auch flexibel sein. Du benötigst aber für die Realisierung deiner Ziele Durchhaltevermögen. Wenn du dir keine Ziele vornimmst, wirst du weniger Erfolg haben. Es wird dir weniger Glück widerfahren. Die Relativität von Einstein hat mir gezeigt, dass ich mich von meinem jetzigen Standpunkt zu einem anderen Standpunkt entwickeln kann. Dazu muss ich nur denken, sprechen und handeln. Es hört sich einfach an. Vergiss aber nicht, dass du noch das Problem der Gedanken hast! Deine anderen Ziele werden sich schnell auflösen, wenn du deine Gedanken auf ein neues Ziel richtest. Dann relativiert sich dein hohes Ziel eventuell zu einem kleineren. Investiere in deine Ziele Zeit und Kraft und du wirst unendlich belohnt! Die Lebensqualität hängt davon ab, wieviel du bereit bist zu investieren und wie glücklich du jetzt schon bist. Es ist immer alles relativ. Jemand der schon glücklich, achtsam und liebevoll mit sich umgeht, benötigt kein Ziel. Er ist schon im Zustand vollkommenen

Glücks. Warum sollte sich so ein Mensch weiterentwickeln. Es ist immer alles relativ. Schau dir dein Leben an und entscheide selbst, wo du dich abholst! Wo stehst du heute und wo möchtest du in der Zukunft sein? Das Rezept zu dieser Diagnose ist wieder so einfach, und dennoch benötigst du Geduld und eine Menge Kraft, um den neuen Weg zu gehen. Ich möchte ein Beispiel bringen, in dem klar wird, wie Ziele dein Leben beeinflussen können.

Rezept: „Das konkrete Ziel"

In einer Studie der Yale-Universität wurden die Absolventen des 53. Jahrgangs befragt. Es ging darum, ob sich die Absolventen bestimmte Ziele gesetzt hätten. Nur drei Prozent des befragten Jahrgangs antworteten mit einem Ja. Nach einem Abstand von ca. zwanzig Jahren wurden die Absolventen erneut befragt. Die drei Prozent, die sich Ziele gesetzt hatten, waren glücklicher verheiratet, erfolgreicher und gesünder. In Bezug auf die finanzielle Situation hatten sie genauso viel Vermögen, wie die siebenundneunzig Prozent der übrigen Teilnehmer. Dieses Ergebnis sagt eine Menge über die Erarbeitung von konkreten Zielen aus. Wenn du deine ganze Kraft in die Erstellung und die spätere Umsetzung von Zielen setzt, wird sich deine Lebensqualität enorm steigern. Du bekommst ein sinnvolles Leben. Ich würde mich am liebsten allein mit dir als Leser unterhalten, da jeder Mensch in seiner eigenen Welt lebt und seine eigenen Erfahrungen gemacht hat. Somit ist der Zielplan oder die Erstellung von konkreten Zielen bei jedem anders.

Erst wenn du mit hundert Prozent bei deinen Zielen bist – oder anders gesagt: Wenn du zu hundert Prozent auf deinem Lebensweg bist, dann kannst du dein Potenzial vollkommen entfalten. Die Zielsetzung kannst du erlernen. Wenn du feststellst, dass du dich zu wenig um deine Familie kümmerst, dann sag dir zunächst einmal: „Ich kümmere mich nicht genug um meine Familie." Der Satz eines Erschaffers wäre: „Ich werde mehr mit meiner Familie unternehmen!" Das reicht allerdings nicht. Nimm dir deinen Terminkalender und trage zum Beispiel am Freitagabend einen Termin in deinen Kalender fest ein! Informiere deine Familie über diesen Termin! Mach dir einen Wiedervorlagetermin, dass du ganz konkret am Sonntag für die kommende Woche Familienzeiten planst! Du musst diese Termine genauso fest planen und auch einhalten wie einen Firmentermin. Nur so schaffst du die Umsetzung von konkreten Zielen. Es geht in allen Lebensbereichen so weiter. Je konkreter, desto besser. Nach der Planung beginnt die Umsetzung. Du wirst sehen, dein Leben wird in Zukunft viel bunter. Du wirst mehr erleben und dich wundern, wie lang und schön ein Tag in deinem neuen Leben sein kann. Vergiss die Ängste und die *Abers*. Im Leben gibt es mehr als dein bisheriges Handeln. Mach dich auf zu deiner neuen Relativität! Setze dir deine Ziele zu deinem Leben! Ich habe schon viele Bücher gelesen, die den Weg des Lebens anders beschreiben, aber auch einen anderen Ansatz haben. Im Endeffekt kommen alle auf das gleiche Ergebnis. Diese Bücher beschreiben den Weg in die Achtsamkeit und die Glücksfindung in dir selbst. Die Seele benötigt nichts um zu sein. Diesen Büchern stimme ich zu hundert Prozent zu. Da die Seele, wenn du sie dann gefunden und erfahren hast, wirklich nichts braucht. Nun stellt sich aber die Frage: Was ist zu tun? Du wirst feststellen, dass es nichts zu tun gibt. Es gibt nur das unendliche Glück in deiner Seele. Du kannst nur Erfahrungen sammeln, wenn du handelst. Begib dich auf einen interessanten Weg! Begib dich auf den Weg zu deinen höchsten Zielen! Strebe voller

Liebe, Achtsamkeit und Glück nach den höchsten Zielen in deinem Leben! Wenn du dann auf dem Weg bist, bist du auf dem Weg des Lebens. Du hast die Seele gefunden und deinem Leben einen positiven Sinn gegeben. Und jetzt sei einmal ehrlich zu dir selbst! Gibt es an dieser Stelle bei dir wirklich noch ein „aber ich"? Oder hast du den neuen Weg schon eingeschlagen?

Den Text dreimal lesen und sich selbst finden!

Kapitel 29
Gedanken der Angst

Diagnose: „Angstgedanken haben"

Mir ist wohl bekannt, was Angstgedanken sind. In meinem früheren Leben hatte ich oft ängstliche Gedanken. Zu Anfang fängt alles mit einem Gedanken über ein bestimmtes Thema an. Ich hatte zum Beispiel oft Angst, meine Arbeit zu verlieren. Zu diesen Gedanken kommen oft noch weitere wie zum Beispiel: Ich habe Angst, meinem Chef heute zu begegnen. Es gibt noch eine offene Aufgabe aus der letzten Woche, die nicht erledigt wurde. Oder Gedanken, dass einen der Lebenspartner verlassen könnte und so weiter. Angstgedanken blockieren das Denken und Handeln. Du bist wie gelähmt. Die Angst hindert dich, das Richtige zu denken oder zu tun. Du denkst: Die Angst soll verschwinden. Sie soll weggehen. Sätze, die wir als Kind gehört haben wie „Du brauchst doch keine Angst haben", sind immer noch aktiv in uns. Da alles, was du verneinst und weghaben möchtest, in dir bleibt und an Macht gewinnt, ist es so schwer aus dieser Angst auszusteigen. Ich hatte oft

Angstgedanken in meinem Leben. In einem anderen Kapitel dieses Buches bin ich bereits auf die Angstgedanken eingegangen. Im Kapitel 1 – *Angst* findest du ein sehr gutes Mittel, der Angst zu begegnen. In diesem Kapitel geht es noch um einen weiteren Zwischenschritt, der dir vielleicht helfen kann. Mir hat er in jedem Fall geholfen, den Kreis der Angst komplett zu verlassen. Ich habe früher oft mit meiner Frau über meine Ängste gesprochen, aber auch sie konnte mir nicht wirklich helfen. Sie kam nicht aus meiner Welt und hat nicht meine Erfahrungen gemacht. Erst die Begegnung mit einem Mentor brachte mir das Mittel, das mir wirklich half, meine Angst zu überwinden.

Rezept: „Haargummi"

Ich habe einen meiner Mentoren auf das Thema Angst angesprochen. Ich berichtete ihm, dass ich Angst verspüre und oft in ein tiefes Loch stürzen würde. Ich würde keinen Weg aus diesem Dilemma hinausfinden. Er gab mir den entscheidenden Tipp.

Finde zunächst einmal heraus, wann du Gedanken der Angst bekommst! Um welchen Zeitraum handelt es sich? Was sind die Auslöser der Gedanken? Wenn du das herausgefunden hast, mach, bevor du mit den Angstsätzen beginnst (Kapitel 1 – *Angst*), einen Zwischenschritt! Dieser Zwischenschritt ist für mich der Schlüssel zum Erfolg gewesen. Ich habe mir ein Haargummi meiner Tochter um das rechte Handgelenk gemacht. Immer wenn ich Gedanken der Angst bekommen habe, habe ich am Gummiband gezogen. Der leichte Schmerz auf dem Arm hat mich sofort aus den Gedankengängen gerissen. Ich habe mir dann klargemacht, um welches Problem oder um welche Angst es genau in diesem Moment ging. Da ich mir schon vorab Lösungssätze oder Angstsätze bereitgelegt hatte, konnte ich sofort mit den richtigen Gedanken gegensteuern. Der kurze Schmerz auf dem Arm hat die Gedankenkette durchbrochen. Es ist ein einfaches Hilfsmittel, aber dafür sehr effektiv. Nach nur einer Woche habe ich meiner Tochter das Haargummi zurückgegeben. Ich war nun in der Lage, den Angstsätzen auch ohne Hilfsmittel zu begegnen.

Das Gefühl der Angst ist nicht dein Feind, sondern gehört zu dir, wie alle Gefühle in dir. Alle Gefühle wollen gefühlt werden und nicht verdrängt. Wenn du Angst fühlst, dann sag zu dir selbst: „Ja, ich habe Angst. Die Angst darf da sein. Sie hat einen Grund." Nimm dich der Angst an, dann kommt sie ins Fließen und bewegt sich fort! Sie wird gefühlt. Angst kommt meist aus der Kindheit oder aus schlechten Erfahrungen. Prüfe, ob diese Erfahrungen noch relevant sind! Sind sie noch angemessen für dein jetziges Leben? Male dir aus, was passiert, wenn du in die Situation gehst, in der du Angst verspürst. Was kann schlimmstenfalls passieren? Bewerte neu und mach neue achtsame Erfahrungen!

Entscheidend ist, den Moment zu erspüren, wenn du in deiner Angst versinkst. Zieh lieber zu früh als zu spät am Haargummi. Heute bin ich in der Lage, noch vor dem Angstgedanken zu reagieren. Das bedeutet: Meine Gedanken schlagen erst gar nicht den Weg der Angst ein, sondern verweilen im Glück. Meine Gedanken drehen sich um Liebe, Achtsamkeit und Glück. Es war ein langer Weg bis zu diesem Zustand, und angefangen hat damals alles mit einem Haargummi. Sollte es dir passieren, dass du dich dennoch total im Gefühl der Angst verlierst, ist das nicht schlimm. Werde dir bewusst, dass du jetzt Angst hast und dein bisheriger Weg dich bis hierhin geführt hat! Alles war und ist bis zu diesem Moment richtig und die Schlussfolgerung deiner Erfahrungen. Aber ab jetzt ziehst du am Haargummi und es beginnt für dich ein neues Zeitalter. Ein Zeitalter voller Glück und Zufriedenheit. Es gibt keinen Weg zurück. Das Glück wird sich seinen Weg bahnen. Wende die Angstsätze an und du wirst merken, wie du innerlich heilst. Du wirst dich binnen kürzester Zeit besser fühlen, ausgeschlafener und kannst klarere Gedanken fassen. Diese Übung fordert Bereitschaft und vor allen Dingen: Den Glauben an dich und an deine Seele.

Baue dieses Mantra mit in deinen Alltag ein. Zusammen mit den anderen zwei Mantras: *„Ich entscheide mich glücklich zu sein* und *Frieden beginnt bei mir"*, hast du nun einige Handwerkzeuge für deinen Weg zum Glück.

Benutze das Haargummi solange, bis du wirklich den Kreis der Angst durchbrochen hast!

Kapitel 30
Der Sinn beginnt in der Seele

Diagnose: „Sinnlosigkeit verspüren"

Wer hat sich nicht schon die Frage nach dem Sinn des Lebens gestellt? Dabei geht es in erster Linie nicht darum, was du erreichen willst. Es geht darum, warum du etwas erreichen willst. Du läufst vielleicht durch dein Leben mit zahlreichen Alltagsaufgaben. Du hast auch einen Zielplan. Dennoch kennst du den Sinn deines Lebens nicht? Du hast das Gefühl von Nutzlosigkeit und innerer Leere? Es fehlt an Lebensglück und dein Bewusstsein strahlt Sinnlosigkeit in deinen Körper und in deine Erfahrungen? Denk daran: Deine Seele bleibt von alledem unberührt! Nur dein Denken macht deinen Körper krank und legt Verhaltensmuster und Erinnerungen an. Darum wird es auch immer schwerer, je später du mit der Lösung deiner Sinnlosigkeit anfängst. Innere Leere entsteht durch falsches Denken. Der erste Gedanke ist immer der Richtige. Wenn du aber diesen Gedanken solange mit deinem bewussten Denken und deinen Erfahrungen der Vergangenheit bearbeitest, wirst du immer wieder in das alte Schema zurückfallen. Ein Mann, der eine andere Frau schlägt, handelt so, weil er nicht anders kann. Er handelt aus seinen Erfahrungen seines eigenen Lebens heraus. Auch du kannst es so weit bringen. Frage dich bei der Zielstellung immer wieder: Was will ich erreichen? Und danach die Frage: Wozu? Ich hatte in der Vergangenheit einen Job, bei dem ich nach einigen Jahren merkte, dass ich mich nicht wohlfühlte. Ich habe über Monate immer wieder neue Zielpläne aufgestellt. Ich habe immer wieder begonnen neu zu planen. Dabei habe ich die Firmenziele immer an höchste Stelle gesetzt. Ich selbst habe irgendwann in diesem Prozess meine Identifikation zu den Aufgaben verloren. Ich habe keinen Sinn mehr in den Zielen gesehen. Habe aber auch vergessen, mir die Frage zu stellen, wozu ich das eigentlich mache. Fühle ich mich verbunden und tue ich das, was ich tue mit Liebe und Hingabe? Hätte ich mir damals die Frage gestellt, hätte es nur eine Antwort gegeben: Nein, tue ich nicht! Ich hätte sofort die Ziele ändern müssen, auch wenn es unbequem geworden wäre. Du kannst dir sicherlich denken, wo das geendet hat. Richtig. Ich bin nicht mehr bei dieser Firma angestellt. Es geht bei der Sinnlosigkeit darum, dass du den Bezug zu deinem Sinn verloren hast. Du fängst schon beim ersten richtigen Gedanken an, diesen durch die negativen und sinnlosen Gedanken zu beeinflussen. Du erstickst den aufkommenden Gedanken sofort mit den negativen Erfahrungen und stellst alles in Frage. Das geht so weit, dass du nur noch mit den Gedanken bei den Gedanken bist. Du versuchst immer neue Auswege in deinem Kopf zu erschaffen und reißt im nächsten Moment diese Gedanken wieder ein. Die Sinnlosigkeit ist eng mit der Opferrolle verbunden. Du bist Opfer deiner Gedanken geworden. Die Opferrolle sorgt dafür, dass du in der Sinnlosigkeit verweilst. Du findest immer wieder neue Gedanken, die dazu beitragen die alten Gedankenmuster wieder aufzunehmen. Es beginnt mit einem Gedanken und endet mit Zwängen und Ängsten. Nach einem Monat oder nach vielen Jahren wirst du zum Vogel im von dir selbst erschaffenen Käfig. Die Tür steht zwar offen, du fliegst aber nicht hinaus. Beginn nicht mit unrealistischen Gedanken! Beim Marathon habe ich auch mit fünf Kilometern angefangen. Wenn du nach einer Woche denkst, du könntest fünfzig Kilometer laufen, wirst du scheitern. Das bedarf einer Übungszeit von mehreren Monaten, wenn nicht sogar einer Zeit von einem Jahr. Unrealistische Ansprüche an dich selbst führen zu negativen Gedanken. Du programmierst dich durch die falschen Gedanken. Du erschaffst durch diese unbewusste Programmierung deine negative Welt. Wenn du dich weiter diesem Programm des Selbsthasses hingibst, wirst du Glaubenssätze als vernünftig anerkennen, die absolut keinen Sinn ergeben. Das ständige Diktat der falschen Gedanken sorgt schließlich für diese völlig unrealistischen Gedanken und der daraus resultierenden Handlungen. Da deine Seele neutral und deine Urgedanken, die von Herzen kommen, immer den richtigen Sinn für dich erkennen, bleibt dein Zustand in dir unbefriedigend. Du wirst durch diesen inneren Konflikt krank und unzufrieden werden. Deine Gedanken drehen sich im Kreis und verschlingen Mengen an Zeit. Sie sorgen für den Zustand der Lähmung. Erinnere dich daran, dass deine Seele wie eine Sonne ist! Diese strahlt ohne Zeitbegrenzung oder äußere Einflüsse – seien sie auch noch so groß. Die Seele ist und bleibt dein Fels in der Brandung.

Rezept: „Der Sinn beginnt in der Seele"

Ich habe meinen Weg gefunden, und mein Lebensglück strahlt so hell wie eine Sonne. Diesen Zustand kannst du auch erreichen. Ich beschreibe dir jetzt den Weg aus der Sinnlosigkeit. Beginne zunächst einmal damit, zur Ruhe zu kommen. Dazu empfehle ich dir, eine Woche lang die Waldmeditation zu machen. Du findest die Meditation im Kapitel 7 – *Aktion und Achtsamkeit*. Diese Meditation kannst du jeden Tag zweimal für eine Zeit von je einer Stunde machen. Dadurch kannst du die Gedankenkette durchbrechen. Du wirst wieder Zugang zu deiner Seele bekommen. Durch die Ruhe und Achtsamkeit erkennst du deine Seele wieder. Entweder hast du sie schon einmal in dieser Form erkannt oder es gelingt dir, die Seele zum ersten Mal zu Entdecken. Mir hilft die Vorstellung einer strahlenden Kugel in der Mitte meines Seins. Mit dieser bildlichen Vorstellung kann mein Kopf etwas anfangen, und ich kann meine Seele in meinen Gedanken bildlich erschaffen. Es braucht mehr als deine fünf Sinne, um die Seele in dir zu entdecken. Wenn du deine Seele entdeckt hast, erkennst du, dass die Seele in dir unantastbar ist. Sie ist unabhängig von deinen Gedanken und deinem Körper. Sie ist ohne Bezug zu der Zeit oder dem Leben, das du lebst. Es ist die unendliche Energiequelle in dir. Deine Seele ist mit allem verbunden, was du kennst. Sie ist aber neutral und unabhängig von deinem Ego. Du bist diese Seele. Deine Seele ist aber auch das Universum und alles, was dich umgibt. Wenn du das begreifen möchtest, musst du an dich glauben. Glaube an deine Seele! Begreife, dass du diese Seele hast! Wenn du zu dieser Erkenntnis gelangt bist, hast du den ersten und wichtigsten Schritt des Erinnerns geschafft. Als ich meine Seele gefunden oder besser gesagt erkannt hatte, war dies ein Moment des Glücks. Dieses Glück war uneingeschränkt da. Es gab keinen Gedanken, der dieses Glück trüben konnte. Meine Seele ist meine *Home Base*. Durch die tägliche

Meditation wirst du es schaffen, diesen Kontakt aufrechtzuhalten. Du kannst diesen Kanal des Glücks zu deiner Seele aufrechterhalten. Verlier nicht den Glauben an die Realität! Deine Seele geht weit über dein Leben hinaus. Es ist der Kanal zur Unendlichkeit und zum Universum. Deine Seele hat unendlich viel Kraft. Mehr als für dein Leben nötig ist. Vielleicht kannst du noch nicht glauben, was du gerade liest. Dass du unendliches Glück in dir hast, ist für dich zu schön um wahr zu sein? Es ist wahr. Du hast schon gelesen, dass du eine Seele hast. Aber niemand hat dir erklärt, wie deine Seele aussieht und wie sie in Zusammenhang mit deinem Geist und deinem Körper steht? Vielleicht hat mal jemand zu dir gesagt: „Hör auf deine Seele." Im Grundgesetz der Bundesrepublik steht: „Die Würde des Menschen ist unantastbar." Damit ist die Seele gemeint. Mach dich also auf den Weg zu deiner Seele und beginne mit der Waldmeditation! Du wirst unendlich belohnt werden.

Wenn du deine Seele entdeckt hast, geht es weiter. Die Seele gibt dir immer die Chance, einen Urgedanken zu erfassen. Dieser Urgedanke ist immer richtig für dich. Wenn du dich mit den Urgedanken beschäftigst, denk nicht weiter darüber nach! Bleib beim ersten Gedanken! Wenn dieser Gedanke *Glück* ist, weil du deine Seele entdeckt hast, bleib dabei! Gehe nicht dem alten Muster des Hinterfragens nach! Schaff dir eine neue Realität! Bilde neue Gedanken und wiederhole diese Gedanken in deiner Meditation! Du wirst dich besinnen und Sinnmäßigkeit erfahren. Wenn du in der Lage bist, mit den Urgedanken zu arbeiten, dann beginne mit der Erschaffung deiner neuen Lebensqualität! In diesem Buch gibt es viele Wege wie zum Beispiel den Zielplan. Unter Berücksichtigung dieses Kapitels wirst du vielleicht noch einmal neu an deine Ziele herangehen. Es ist wichtig, dass du jetzt mit all deiner Kraft an die Arbeit gehst. Setze dich für diesen Weg ein! Arbeite hart in der Meditation daran, diesen Weg zu halten! Erst wenn du einige Schritte in die richtige Richtung gegangen bist, wirst du erspüren, dass du auf dem richtigen Weg bist. Es wird auch Rückschläge geben. Geh dann wieder in die Meditation und führe deine Waldmeditation durch! Programmiere dich neu! Finde zum Ursprung deiner Seele zurück. Das Schöne ist, dass es nichts an diesem Weg auszusetzen gibt. Es gibt keine Nebenwirkungen und kostet kein Geld. Es ist einfach nur die Wahrheit über dich selbst. Aber auch trotz dieser Umstände wird es Skeptiker geben. Entscheide dich neu – nur für dich. Was ich beschreibe hat weder mit einer Sekte noch mit einer Glaubensrichtung zu tun. Es geht schlicht und einfach um den Glauben an dich selbst. Vielleicht gibt es auch einen anderen Weg zur eigenen Seele. Ich kann nur meinen eigenen Weg beschreiben. Wenn du einen anderen Weg hast, schlage ihn ein! Wichtig ist nur, dass du deinen Weg findest und Gedanken hast, die Sinnmäßigkeit für dich enthalten. So findest du zum Sinn deines Lebens.

Viele Menschen entscheiden in ihrem Leben zwischen wichtigen und unwichtigen Tätigkeiten. So verurteilen viele ihr eigenes Tun wie zum Beispiel eine Pause einlegen oder die gerade ausgeführte Tätigkeit langsam durchzuführen. Wichtig ist in vielen Köpfen nur das Ergebnis und die erbrachte Leistung. Der Schlüssel liegt im Denken. Alles, was du machst, ist gleich wichtig. Du solltest jede Tätigkeit bewusst und mit Liebe ausführen und nicht in ein Wertesystem stellen. Wenn du den ganzen Tag nur „unwichtige Sachen" getan hast, macht dich das unzufrieden. Jedes Denken und Handeln ist gleichwertig. Du kannst daraus Erfahrungen sammeln und Erkenntnisse erlangen. Im ersten Rang für dich und im zweiten Rang für andere. Glück und Achtsamkeit kommen aus dir selbst durch bewusstes Handeln und Denken. Sinnlos ist zunächst gar nichts. In den Dingen, die du als sinnlos betrachtest oder einordnest, hast du den Sinn noch nicht erkannt. Beim Hinterfragen werden sie oftmals neu bewertet, damit sich der Sinn erschließt.

Glaube so lange, bis du deine Seele gefunden hast!

Kapitel 31
Begib dich auf den Weg

Diagnose: „Nur Symptome bekämpfen"

Es ist wichtig zwischen positivem und negativem Stress zu unterscheiden. Wenn ich einen Marathon vor mir habe, bin ich aufgeregt. Mein Körper schüttet Adrenalin aus, und meine Hände werden kalt. Alles in meinem Körper geht auf Alarmbereitschaft. Das ist für mich eine stressige Situation. Allerdings im positiven Sinn. Negativer Stress wäre, wenn ich Angst hätte, beim Laufen zu scheitern oder daran zweifle, überhaupt im Ziel anzukommen. Mach dir auch einmal Gedanken, wobei du Stress hast und wie du ihn empfindest! Betrachte dabei nur den negativen Stress. Dieser Stress löst viele gesundheitliche Probleme aus wie Kopfschmerzen, Angstzustände, Depressionen, Bluthochdruck, Krebs und Herzerkrankungen. Wenn du dieses Buch liest, hast du entweder schon eines dieser Probleme oder steuerst darauf zu. Wenn dem nicht so ist, kannst du dieses Kapitel überspringen. Du hast aber eventuell auch gelernt, mit dem Problem völlig falsch umzugehen. Es geht nicht darum, im Leben erst zu reagieren, wenn du krank bist. So haben es vielleicht unsere Eltern gemacht. Ich kümmere mich um meinen Geist und meinen Körper bereits im gesunden Zustand. Wir haben heute unendlich viele Möglichkeiten, uns zu informieren. Wie ernähre ich mich gesund? Was ist der richtige Sport für mich? Wie kann ich Stress vermeiden? Und vieles mehr. Allein das Lesen dieser ganzen Informationen wird dich nicht zum Ziel führen. Du musst ins Handeln kommen. Stress vergleiche ich mit einer Krebserkrankung. Es ist ein Zustand, der an deinem Geist und deinem Körper nagt. Es entstehen Löcher, die nicht mehr zu reparieren sind. Es macht sich Dunkelheit breit. Überlege, wie viel Energie du bereits in Stresssituationen gesteckt hast? Wiederhole den letzten Satz ruhig noch einmal. Wie viel Energie hast du in den letzten Jahren in Stress gesteckt? Ich kann dir nur sagen: Wenn du noch keine der oben genannten Krankheiten bekommen hast, würde mich das verwundern. Stress ist bekannt dafür, auf Dauer krankzumachen. Das ist wissenschaftlich bewiesen. Nur du kannst dagegen etwas tun. Vorausgesetzt, du meinst es ernst und du verstehst die Worte, die du hier gelesen hast. Dann rechne einmal aus, wie viele Stunden du dir in der Vergangenheit wirklich Stress selber gemacht hast. Diese Stundenzahl benötigst du in Meditation und Achtsamkeit in den nächsten Jahren, um zum Anfang zurückzukehren. Es gibt sicherlich viele Medikamente, die für die oben genannten Krankheiten von den Ärzten verschrieben werden. Aber wo diese Krankheiten herkommen, und dass du sie alle selbst erschaffen hast, hat mir noch kein Arzt gesagt. Versuch zunächst einmal zu verstehen, was da mit dir passiert ist und dass du ganz allein die Verantwortung trägst! Wenn du das verstanden hast, kannst du auch die Verantwortung übernehmen und die eigene Kraft anwenden, um zum Ursprung zurückzukehren.

Rezept: „Begib dich auf den Weg"

Ich hoffe, ich habe dich in der Diagnose nicht entmutigt. Es hilft aber, der Wirklichkeit ins Auge zu schauen. Der Sinn des Lebens oder die Erleuchtung eröffnet sich nicht durch das wöchentliche Anzünden einer Kerze. Ich bin zwar der Meinung, dass du dich jeden Morgen entscheiden kannst, ohne die Vergangenheit aufzustehen und neu anzufangen, aber das ist – wie bereits erwähnt – nur einem mir bekannten Menschen gelungen. Somit warte nicht dein ganzes Leben lang auf diese Erleuchtung! Begib dich auf den Weg dahin! Der Weg zu Achtsamkeit, Glück und Liebe ist auch gleichzeitig das Ziel. Die Emotionen in unseren Leben haben sehr große Auswirkungen auf unsere körperliche Gesundheit. Ich kann dir in diesem Buch gar nicht oft genug sagen, was das bedeutet. Wenn du jetzt in diesem Buch an dem Punkt gekommen bist, wo du die Verantwortung für dein Leben übernehmen möchtest, dann beglückwünsche ich dich dazu. Beginn damit, dass du dir sagst: „Ich habe alles, was ich bislang gemacht habe, richtig gemacht"! Das ist die Wahrheit. Wenn du etwas anders hättest machen wollen, hättest du es getan. Darum sind alle Handlungen richtig gewesen, die du in der Vergangenheit gemacht hast. An der Stelle, wo du sie gemacht hast. Mit heutigem Wissen sieht das natürlich anders aus. Damals konntest du nicht anders. Mir stand einmal ein Trainer in einem Seminar gegenüber, der mir genau das sagte. Er griff mit beiden Händen jeweils an meine rechte und an meine linke Schulter, schaute mir tief in die Augen und sagte: „Du hast alles, was du bislang in deinem Leben gemacht hast, richtig gemacht." Das war ein unglaubliches Gefühl. Ich wollte sofort widersprechen. Damals war der Satz in einem beruflichen Kontext gemeint, aber ich konnte ihn 1:1 ins Privatleben übernehmen. Benutze diesen Satz als Eingangspforte zu deinem neuen Weg! Mit diesem Satz kannst du dir alles, aber auch alles, in der Vergangenheit vergeben. Es geht nicht darum, die Dinge in deinem Leben aus der heutigen Perspektive zu betrachten. Es geht darum, dir zu verzeihen und zu erkennen, dass du damals nicht anders konntest. Wenn du dich auf den Weg zu Ruhe und Achtsamkeit begibst, deinen Körper heilen möchtest oder dich durch diesen Weg persönlich weiterentwickeln willst, dann folge meinem Angebot, dich auf den Weg zu machen. Solltest du schon krank sein, sieh diesen Weg nicht als Ersatz für die Behandlung durch einen Arzt! Sieh deinen Weg als notwendige Ergänzung dazu! Alle Medikamente bekämpfen nur den Zustand, den du bewusst oder unbewusst herbeigeführt hast. Wenn du die Dinge, die dazu geführt haben, nicht änderst oder in andere Bahnen lenkst, wirst du bald wieder beim Arzt deines Vertrauens sein. Das nächste Mal vielleicht mit einer anderen Krankheit oder derselben Krankheit an einer anderen Stelle. Es gibt kein Wundermittel gegen Krankheiten, die du schon hast. Du kannst Krankheiten jedoch im Vorfeld vermeiden und verhindern, so dass keine neuen Krankheiten dazukommen. Mit viel Liebe kannst du auch bestehende Krankheiten heilen.

Ein Beispiel für die Kraft der Gedanken konnte ich am eigenen Körper erfahren.

Dies soll nicht als Beispiel für eine Wunderheilung dienen. Es soll nur zeigen, dass ich es geschafft habe, eine schon bestehende Krankheit zu heilen. In der Vergangenheit litt ich unter sehr starker Neurodermitis. Ich hatte überall am Körper Wunden und offene Stellen. Besonders Ohren und Augen waren stark betroffen. Ich ging mit den Beschwerden zum Hautarzt. Meine Hautärztin machte bei mir einen Allergietest. Dieser Test schlug bei allen möglichen Substanzen wie Hausstaub, Milben und Pollen aus. Daraufhin bekam ich eine Salbe und die Information der Hautärztin, dass mich dieses Problem wohl ein Leben lang begleiten wird. Einige Jahre später habe ich mir Gedanken gemacht, woher dieses Problem kommen könnte. Es ging wie in diesem Kapitel beschrieben um Stress. Somit machte ich mich auf den Weg, dem Stress Einhalt zu gebieten. Ich erklärte meinem Körper in der Waldmeditation, dass der negative Stress mit sofortiger Wirkung eingestellt wird. Parallel dazu habe ich während der Meditation meinem Körper gesagt, dass er auch zur Ruhe kommen kann und nicht mehr den Stressoren ausgesetzt wird. Dieses innere Training hat einige Monate gedauert. Dann habe ich meinem Körper gesagt, dass er im Gegenzug nicht mehr auf Pollen, Milben und alle anderen Umständen so reagieren soll wie zur Zeit der Stressoren. Ich erklärte also meinem Körper, dass die Krankheit beendet ist. Seit dieser Zeit habe ich keine Neurodermitis mehr. Ich kann bei der Heuernte helfen und mit einem trocknen Tuch den Staub unter meinem Bett aufwirbeln. Nichts bringt meinen Körper mehr aus der Ruhe. Wie gesagt – dies soll kein Beispiel für eine Wunderheilung sein. Es geht mir darum zu vermitteln, dass es möglich ist, Zustände, die du selbst erschaffen hast, auch wieder rückgängig zu machen. Dazu musst du aber Kontakt mit dir selbst aufnehmen. Das werden dir kein Arzt und auch nicht die Flucht vor der Realität abnehmen.

Beginne mit dem Anfang des Weges und glaube dem Satz, dass du alles richtig gemacht hast!

Kapitel 32
Verschwende deine Zeit

Diagnose: „Den Alltag mit den falschen Sachen füllen"

Was würdest du machen, wenn du unbegrenzt Zeit hättest? Würdest du all die Dinge tun, die du schon immer machen wolltest? Wie verbringst du jetzt deine Tage, Wochen und Jahre? Überlege dir genau, was du jetzt tust und mach dir ausführlich Gedanken, was du am liebsten tun würdest, wenn du unbegrenzt Zeit hättest! Sollte zwischen diesen beiden Zuständen eine Diskrepanz bestehen, empfehle ich dir, diese zu beseitigen. Es läuft alles auf die vier Lebensbereiche hinaus. Diese sollten zu gleichen Teilen Berücksichtigung in deinem Alltag finden. Wenn du zum Beispiel eine starke Ausprägung beim Thema Arbeit hast, wundere dich nicht, wenn deine Familie zu kurz kommt. Wenn du zu wenig schläfst, wird dein Körper irgendwann anfangen zu rebellieren. Diese Ausgeglichenheit zwischen den einzelnen Bereichen stimmt zum Beginn des Prozesses noch nicht überein. Wenn alles übereinstimmen würde, würde es keiner Änderung bedürfen. Wenn du deine neue

Zeitaufteilung in den Bereichen begonnen hast, bleib eisern dabei! Komm nicht vom Weg ab! Erst nach einigen Wochen wirst du die positive Veränderung spüren. Das Belohnungssystem in deinem Kopf, die Erfahrungen der vergangenen Jahre sowie die Menschen in deiner Umgebung sind bei diesem Prozess die größte Herausforderung. Sie werden alles tun, um dich in alte Verhaltensmuster zurückzudrängen wie das Belohnungssystem in deinem Kopf, weil es „süchtig" ist nach süßen Dingen und schlechten Angewohnheiten und die Erfahrungen, weil sie Ängste in dir auslösen, die dich von der Veränderung abhalten. Deine Erfahrungen lösen die alten Gedankenketten wieder aus. Und zum Schluss die Menschen in deiner Umgebung, weil sie dich weiterhin so sehen wollen, wie du in der Vergangenheit warst. Sie haben Angst vor Veränderungen und denken, dass es für sie schlecht ist, wenn du dich änderst. An dich denken sie übrigens dabei nicht. Du bist für dich verantwortlich und du bist dein Herrscher. Nur du bist in der Lage, deinen Alltag so zu gestalten, dass nur du mit einer Antwort auf die Frage: „Was würdest du machen, wenn du unendlich viel Zeit hättest?", antworten könntest: „Ich würde alles so machen, wie ich es gerade tue." Ist es bei dir bis dahin noch ein weiter Weg? Dann lies dich in das Rezept ein. Die Lösung findest du in den Zeilen. Vielleicht hast du aber auch schon in dieser Diagnose einen Ansatz für dich gefunden.

Rezept: „Verschwende deine Zeit"

Menschen haben den Begriff Zeit erfunden. Wir leben nicht mehr nach den Jahreszeiten oder dem Sonnenstand. Wir unterwerfen uns der Uhr. Diese Entwicklung entspricht nicht unserem natürlichen Verhalten. Deine Seele ist ohne Zeitgefühl und völlig unabhängig von ihr. Das hört sich für dich nicht realistisch an? Du hast die Zeit zu einem so großen Schwerpunkt in deinem Leben gemacht, dass sie über allen Dingen steht. Wenn du deine Seele entdeckt hast, versuch einmal den Begriff Zeit mit ihr zu vereinbaren. Ich habe es versucht. Die Seele reagiert nicht auf die Zeit. Ich spüre in mir, dass die Seele zeitlos ist. Sie lässt sich nicht einen Millimeter durch die Zeit beeinflussen. Daher entsteht auch so eine große Unruhe, wenn du beginnst, die Zeit als deinen Herrscher oder deinen Gott anzusehen. Bei keinem Menschen auf der Welt kann das funktionieren. Unsere Seelen sind zeitlos. Wenn du das begriffen hast, wirst du verstehen, warum ich dich auffordere, dein Verhältnis zur Zeit zu überdenken. Ich stelle also fest, dass du unbegrenzt Zeit hast. Schreibe alle Tätigkeiten auf, die du schon immer machen wolltest. Meine Liste sah damals so aus:

>   Richtig lange ausschlafen
>   Entschleunigung
>   Mit den Kindern spielen
>   Zeit mit meiner Frau verbringen
>   Urlaub machen
>   Mit Freunden essen gehen
>   In die Kirche gehen
>   Bücher lesen

Ich habe alle diese Stichpunkte mit mehr Leben gefüllt. Das lange Schlafen zum Beispiel habe ich wie folgt gewandelt: Ich möchte mindestens jede Nacht acht Stunden schlafen und am Samstag und am Sonntag immer ausschlafen bis ich von allein wach werde.

Dann habe ich mir Gedanken gemacht, in welchen der vier Bereiche dieser Wunsch passt. Natürlich in den gelben Bereich: Körper und Sport. Somit hatte ich einen genauen – mir sehr wichtigen – Punkt für meine Wochenplanung. Sogar die Dauer stand fest. Du wirst nun vielleicht denken: „Warum spricht er jetzt wieder von genauer Zeit, wo er doch eben noch davon gesprochen hat, die Zeit zu verschwenden?" Die Zeit ist ein sehr dehnbarer Begriff. Das musste ich auch erst lernen. Zeiteinteilung ist für mich in meiner Planung ein Hilfsmittel, das es mir ermöglicht, mich nicht der Zeit zu unterwerfen, sondern sie mir dienlich zu machen. Mach dir auch so eine Liste mit Wünschen, die du schon immer mal machen wolltest! Lass sie in dein Leben kommen, indem du sie einfach mit in die vier Bereiche deines Lebens aufnimmst! Ich kann dir sagen: Es funktioniert. Ich würde heute an meinem Leben nichts mehr ändern wollen, weil ich genau das mache, was ich schon immer machen wollte. Finde heraus, was du schon seit Jahren machen wolltest! Es gibt auch Punkte, die nicht so einfach wie der Schlaf umzusetzen sind. Für einen Urlaub benötigst du Geld und Urlaub von deiner Arbeit. In meinem Zielplan habe ich viele Urlaubsziele. Diese Ziele habe ich allerdings über die nächsten Jahre und Jahrzehnte verteilt. Daher gibt es viele tolle Urlaubsziele, auf die ich mich freuen kann. Durch die Rücklagenbildung habe ich, wenn es soweit ist, auch das Geld zusammen. Wenn du alle deine Träume oder aufgeschobenen Dinge mit in deinen Alltag integriert hast, wirst du merken, wie du dich schon am Morgen auf den Tag freust. Es gibt plötzlich wieder viel zu erleben. Du kannst erzählen, was für tolle Dinge du tust. Bring dein neues Leben unter die Leute! Sag deinen Kindern, dass du am Dienstag mit ihnen spielen wirst! Sie werden es vielleicht kaum glauben können. Halt dich aber an deine Termine! Sonst betrügst du dich selbst. Bei einer Verhaltensänderung im Leben ist es wie mit einer Sucht aufzuhören. Alles in dir wird sich dagegen wehren. Wenn du es aber geschafft hast, aus der Opferrolle des Zeitdiktates auszusteigen, bekommst du einen neuen Blickwinkel. Du wirst dich nach dem Laufen, nach dem Kinobesuch, nach dem langen Ausschlafen oder dem Spielen mit den Kindern völlig anders fühlen. Bewahre dir dieses Gefühl! Genieße den Moment, wenn du diese Erfahrung machst! Bleib dabei und mach dir am Abend Notizen, worüber du dich am meisten deiner neu eingeführten Dinge gefreut hast! Damit schaffst du neue Erinnerungen in deinem Geist. Du öffnest die Tür in deine Zukunft. Deine Seele wird es verstehen.

Erstelle eine Wunschliste für mehr Zeit und bring sie in deinen Alltag ein!

Kapitel 33
Angst in der Praxis begegnen

Diagnose: „Die Angst im Alltag erleben"

Nachdem du dieses Buch gelesen hast, stellst du es in dein Bücherregal neben all die anderen Bücher, die du gelesen hast. Dann tauchst du wieder in deinen Alltag ein und nach einiger Zeit kann es sein, dass du wieder im alten Rhythmus bist. Auch mir geht es an manchen Tagen so, dass mich die Vergangenheit einholt. Dann merke ich plötzlich, dass ich mich geistig verirrt habe. Auch wenn du den Weg gefunden hast zu Glück, Achtsamkeit und Liebe, kann es sein, dass es dich in vergangene Verhaltensmuster zurückwirft. Vor langer Zeit bin ich zur Arbeit gefahren. Die Anfahrt zu meiner Arbeitsstätte war damals ca. 3 Stunden. Ich habe mich auf dieser Fahrt so sehr in Gedanken verloren, dass ich kurz vor dem Ziel umgedreht bin. Ich habe mich in einer Angstspirale immer weiter nach unten bewegt. Vielleicht geht es dir an manchen Tagen genauso? Vielleicht ist es aber auch nur ein ganz bestimmtes Problem, was dich immer wieder beschäftigt. Bei der Begegnung mit der Angst ist es wie beim Marathonlaufen. Wenn du dir deine Energie für den gesamten Lauf nicht richtig einteilst, wirst du das Ziel mit Sicherheit nicht erreichen. Bei einer unbekannten Strecke kennst du nicht alle Steigungen und auch nicht die Bodenbeschaffenheit auf der Strecke. Genauso ist es mit deinen Gedanken. An manchen Tagen entwickeln sich manche Situationen oder Informationen so, dass deine Stimmung kippt oder du aus der Mitte fällst. Diese Zustände sorgen alle für das gleiche Ergebnis: Du bist nicht mehr glücklich und tauchst in deine Angst ab. Um dieser Angst im Alltag zu begegnen, habe ich ein weiteres Rezept geschrieben – „Die Lösung deiner Ängste." Dennoch ist es mir wichtig, an dieser Stelle noch einmal auf das Thema einzugehen. Die Realität ist manchmal ziemlich ernüchternd. Ich möchte dir aus meinem Leben ein weiteres praktisches Beispiel bringen.

Kommen wir also gemeinsam zum folgenden Rezept.

Rezept: „Angst in der Praxis begegnen"

Wenn ich einen Marathon laufe, schaue ich mir die Strecke genau an. Das Entscheidende ist also, dass du dich auf eine solche Situation genauestens vorbereitest. Ich erkunde, wo ich viel Kraft brauche und wie viele Höhenmeter ich auf der gesamten Strecke überwinden muss. Dann trainiere ich über mehrere Monate. Wenn der große Tag gekommen ist, teile ich mir meine Energie während des Laufens gut ein. Meine Erfolgschancen, den Marathon in der angestrebten Zeit zu schaffen, sind mit dieser Strategie viel höher, als wenn ich mich gar nicht oder nur unzureichend vorbereitet hätte. Genauso verhält es sich mit der Angst. Wenn du deiner Angst weiter als Opfer begegnest, wirst du nie einen Ausweg aus diesem negativen Gefühl finden. Wenn Angst in deinem Kopf aufsteigt und du dich ordentlich darauf vorbereitet hast, wird nichts Schlimmes passieren. Genauso ging es mir damals bei meiner Autofahrt zur Arbeit. Also fangen wir einmal beim Anfang an. Wenn das nächste Mal Angst in dir aufkommt oder du dich in negativen Gedanken verlierst, mach Folgendes: Lächle und empfinde ein tiefes Gefühl von Glück! Das geht ganz einfach. Sobald du diese Gedanken hast und dir bewusst wird, dass die hier beschriebene Situation eingetreten ist, lächle und lass ein Gefühl von unendlichem Glück zu! Das kannst du trainieren. Begib dich in die Waldmeditation und erspüre das Gefühl von Glück! Dieses Gefühl kannst du speichern und in der Situation abrufen. Es hat nichts mit dem eigentlichen Thema der Angst zu tun, hilft dir aber, die Situation viel entspannter zu sehen. Damit hast du den ersten Schritt getan. Nach diesem ersten Glücksgefühl denk einmal ganz pragmatisch darüber nach, worüber du gerade gegrübelt hast! Unterbreche die Tätigkeit, die du gerade machst! Deine Aufgabe ist jetzt nur noch eine: Du setzt dich mit deiner Angst auseinander! Wie bereits im Kapitel 1 – *Die Lösung deiner Ängste* beschrieben, musst du die Ängste voneinander trennen. Versumpfe nicht in deiner Angst, sondern benenne sie ganz konkret! Dann beginn mit den Angstsätzen, die du dir für diesen Moment vorbereitet hast! Jetzt sollte sich ein Gefühl von Glück und Freude einstellen und das Angstgefühl darf gehen. Sollte dies nicht der Fall sein, hast du dich nicht richtig vorbereitet. Lass die Angst dann gehen, beende den Tag und begib dich abends in der Meditation wieder an die Arbeit! Wenn du noch nicht das richtige Mittel gefunden hast, finde heraus, woran es gelegen hat. Erschaffe dir ein Gedankenkonstrukt, das du in der Angstsituation abrufen und sicher beherrschen kannst. Nur so wirst du Herr deiner Gedanken. Neben der Begegnung mit der Angst, kannst du aber auch andere Dinge tun. Es gibt zahlreiche Themen rund um die Angst. Deswegen möchte ich ein weiteres Beispiel aus meiner Praxiserfahrung anbringen. In der Vergangenheit war eine große Angst in meinem Leben das Thema: Arbeit. Ich habe nicht nur mit einem Angstsatz gegen meine Zukunftsängste angekämpft, sondern auch mit meinem Arbeitgeber über das Thema gesprochen. Natürlich nicht direkt, sondern über einen Umweg. Ich habe ein Feedbackgespräch mit meinem Geschäftsführer anberaumt. In diesem Gespräch habe ich ganz einfach gefragt, wie zufrieden er mit mir sei und was die Firma mit mir in der Zukunft planen würde. Die Antwort hat mir so viel Auftrieb gegeben, dass ich nach dem Gespräch keinen Angstsatz mehr brauchte. Ganz im Gegenteil, es stellte sich bei mir ein Gefühl von Glück und Freude ein. Denk daran, es gibt viele Arten, wie du der Angst begegnen kannst! Das Wichtigste ist aber, dass du dich genügend darauf vorbereitest. Es bedarf vieler Stunden und einer ausgeklügelten Vorgehensweise, um dir selbst zu helfen. Wenn es so einfach wäre, würde niemand mit seinen Ängsten kämpfen. Ich habe keine Ängste mehr. Ich habe aber auch einige Monate gebraucht, um mir einen Plan für meine Ängste zu machen. Bleib dabei und lass dich durch nichts und niemanden aufhalten! Nur du bist in der Lage, dein Glück in die Hand zu nehmen. Das können kein Arzt und auch kein Psychiater. Nur du bist in der Lage dazu.

Mach ein Experiment und bereite eine Angstbegegnung mit vier Stunden Vorbereitung vor! Wenn es dir hilft, weite die Vorbereitung auf alle Ängste aus. Wenn du noch etwas mehr machen willst, begegne deiner Angst so, wie ich es getan habe, als ich zu meinem Chef gegangen bin!

Kapitel 34
Transformation

Diagnose: „Den Kopf hängen lassen"

Wenn du dieses Buch liest, ist dir eventuell das Glück abhandengekommen oder du suchst nach der großen Liebe. Vielleicht ist dir gesundheitlich etwas passiert, was dich zum Lesen dieses Buch bewegt hat? Vielleicht hast du auch jahrelange Behandlungen bei einem Arzt oder Psychologen hinter dir? Nichts hat geholfen? Der Ursprung dieser Fehlschläge ist mit einem Wort zusammenzufassen: Glaube. Dir fehlt der Glaube. Der Glaube an dich selbst und an die Sache, die du tust. Die Grundlage ist immer, wie du zu deinen Aufgaben oder Gedanken stehst. Wenn du nicht an dich selbst glaubst – egal um welches Thema es geht – kann der gewünschte Erfolg nicht eintreten. Auch dieses Buch wird dir nicht abnehmen, neue Wege zu gehen. Ich bin vielleicht als Schreiber dieses Buches ein Auslöser, der die richtigen Knöpfe drückt, aber den ersten Schritt musst du selbst machen. Der Glaube kann nur von dir kommen. Ich war am Anfang meines Weges auch skeptisch, ob Meditation und Achtsamkeit etwas für mich sind. Aber es ist keine Wahl zwischen zwei Hobbys oder zwei Essensgerichten. Es handelt sich um den ursprünglichen Zustand der Ruhe. Dieser Zustand ist ein Gegensatz und gleichzeitig eine Relativität zu einem stressigen Leben. Innere Ausgeglichenheit und Achtsamkeit fehlen, wenn man ständig beschäftigt ist und nicht in der eigenen Mitte. Jeder Mensch befindet sich zwischen diesen beiden Polen. Wo stehst du auf einer Skala von eins bis zehn? Wo möchtest du gern sein? Dies sind Gedanken, mit denen du in der Waldmeditation beginnen kannst. Sieh dieses Buch nicht als letzte Chance oder einmalige Sache! Die Kapitel geben dir einen Anreiz, wie du dein ganzes Leben voller Glück, Liebe und Achtsamkeit verbringen kannst. Nimm dir die Punkte heraus, mit denen du etwas anfangen kannst! Vielleicht startest du mit einem Kapitel. Wenn bislang alle Bemühungen für die Beseitigung deiner Probleme fehlgeschlagen sind, steck deine gesamte Energie in dieses Projekt! Vielleicht war es auch nötig, zunächst mit allen anderen Mitteln, die du versucht hast, fehlzuschlagen. Somit hast du eine Relativität geschaffen. Diese kann ein mächtiger Antrieb sein.

Kommen wir nun zum Rezept. Das Rezept ist eine Wandlung, von der ich dir erzählen will, um dich zu motivieren, den ersten kleinen Schritt zu machen.

Rezept: „Transformation"

Ich habe mehrere Anläufe für meine Wandlung benötigt. Zunächst habe ich punktuell mit Meditation angefangen. Ich wusste weder wie das Meditieren richtig geht, noch was ich gedanklich tun sollte. Eine Anleitung wie in diesem Buch lag mir damals nicht vor. Entsprechend nüchtern war das Ergebnis nach einigen Monaten. Ich hatte nur unregelmäßig meditiert und keine mutigen Veränderungen in meinem Leben bewirkt. Ich bin nur die Dinge angegangen, die einfach zu ändern und bequem waren.

Erst nach langer Zeit und vielen Büchern habe ich mir Zusammenfassungen von Themengebieten gemacht. Die Zusammenfassung liegt dir hier vor. Nach mehreren Anläufen bin ich das Thema grundsätzlich neu angegangen. Ich habe wesentlich mehr Zeit investiert. Durch die Planung der vier Lebensbereiche hatte ich nun sehr viel Zeit zum Meditieren und mich dem Thema ernsthaft zu stellen. Nach einigen Wochen intensiven Meditierens stellten sich die ersten großen Fortschritte ein. Ich merkte wie ich in vielen Situationen achtsam wurde, ohne bewusst daran zu denken. Durch die Achtsamkeit entschleunigte ich meinen Alltag immer mehr. Meine Gedanken blieben in der Gegenwart und beschäftigten sich immer mehr mit den Dingen, die aktuell um mich herum geschahen. Mach dir einen Plan, wie oft du bei dir selbst in der Gegenwart bist und wie oft du in der Vergangenheit, der Zukunft, bei anderen Menschen oder mit Ablenkung beschäftigt bist! Du wirst schnell feststellen, dass du nur selten bei dir selbst bist. Somit sorgst du nicht gut für dich. Gib diese Sorge für dich selbst nicht ausschließlich an Ärzte oder Psychologen ab. Finde den Weg zu dir. Nur du kannst dir helfen. Durch meine Entschleunigung im Alltag, lebe ich viel bewusster. Meine Tätigkeiten erlebe ich intensiver. Ich schaffe heute mehr in kürzerer Zeit und habe darüber hinaus noch sehr viel Freizeit. Mein Körper ist wieder gesund.

Aber vergiss nicht: Es ist kein einmaliger Prozess! Auch heute Nachmittag werde ich wieder meditieren und Achtsamkeitstraining machen. Es ist ein tägliches neues Erschaffen, bedarf viel Geduld und der häufigen Wiederholung um einen neuen Weg einzuschlagen. Du wirst sehen, es lohnt sich. Auch in meiner Wandlung gab es Rückschläge. Es gab plötzlich unerwartete Änderungen in meinem Leben, die meinen Tagesablauf völlig durcheinandergebracht haben. Meine Meditation und Achtsamkeit waren plötzlich nicht mehr Bestandteil meines Tages. Ich rechnete schon im Vorfeld damit, dass dieser Tag kommen würde. Somit setzte ich ein Programm in Kraft. Dieses Programm brachte mir mit den ersten Gedanken Glück und Achtsamkeit zurück. Nur für diesen Augenblick. Ich sagte mir selbst: „So wie es jetzt passiert ist, ist es in Ordnung. Ich habe alles richtig gemacht." Ich nahm ohne Groll oder Selbstvorwürfe mein neues glückliches Leben wieder auf. Es ist nicht wichtig, dauerhaft an jedem Tag etwas perfekt zu machen. Es geht nur darum, bei dir zu sein. Dabei half mir auch das Wissen, dass meine Seele mir keine Vorwürfe macht. Meine Seele ist einfach da – genauso wie das Universum. Die Seele macht keine Vorwürfe. Mit dieser für mich richtigen Einstellung und einem Notfallplan konnte ich sofort wieder dort ansetzen, wo ich bei meiner Wandlung stehengeblieben war. Sieh die Meditation und die Achtsamkeit unabhängig von Zeit. Das ist ein schwieriger Satz, aber er spiegelt den Umgang mit diesen Zuständen bestens wieder. Zeit hat nichts mit Achtsamkeit zu tun. Achtsamkeit ist alles, wonach deine Seele strebt. Ein Zustand des *Ich seins*. Meine Wandlung ist noch lange nicht zu Ende. Und genau darum geht es auch im Leben. Es ist der Weg, auf dem du dich befindest, der dich glücklich macht – nicht das Ziel.

Notfallplan erstellen, für einen Rückfall in alte Zeiten!

Kapitel 35
Entschleunigung

Diagnose: „Perfekt sein wollen"

Die Tage sind hektisch und viele Aufgaben warten auf dich. Du hast deine Arbeit, Familie, Hausarbeit, Hobbys und noch viele andere Verpflichtungen. Wenn dazu noch der Wunsch oder der innere Antrieb kommt perfekt zu sein, wird das Leben zum Problem. Ungeduld kocht in dir. Die Aufgaben werden nicht rechtzeitig fertig, und nicht alle Mitmenschen spielen reibungslos in deinem Leben mit. Schon mit Mitte Dreißig hast du den Eindruck, dein Leben sei sinnlos vertan? Du willst jetzt alles anders machen. Nur wie? Der Perfektionismus in deinem Leben wird dafür sorgen, dass du nie fertig wirst. Du wirst nie das Gefühl eines reibungslosen Ablaufes haben. Du siehst die Dinge nur halb fertig und alles, was noch zu tun ist. Freude an den Dingen, die du erschaffen hast, stellt sich bei dir nicht ein. Ich könnte auch von chronischer Unzufriedenheit sprechen. Dieses Verhalten nagt an dir wie ein Hase an seiner Mohrrübe. Wobei die Mohrrübe dein Körper ist. Das Verhalten führt zu chronischen Erkrankungen. Viele Ziele von Perfektionisten sind überzogen und oft mit einem viel zu engen Zeitplan versehen. Der Drang perfekt zu sein, ist dir per Definition nicht in die Wiege gelegt worden. Schau dir dein Leben einmal ganz genau an! Ab welchen Zeitpunkt hast du begonnen, perfekt sein zu wollen? War es mit acht, vierzehn oder dreiundzwanzig Jahren? Schau dir alte Bilder an! Wo ist ein Wandel vom ruhigen ausgeglichenen zum perfekten? Wenn du den Zeitpunkt gefunden hast, kannst du auch den Auslöser finden. Denk daran: Deine Gedanken werden versuchen, die Sache herunterzuspielen und die Sinnmäßigkeit deiner Suche zu untergraben. Ich war früher auch ein Perfektionist und kann auch an diesem Punkt wieder einmal bestätigen, dass der Weg vom Perfektionismus zum achtsamen Müßiggänger ein weiter war. Aber begeben wir uns nicht gemeinsam in das Tal der Tränen. Ich habe es geschafft und auch du, wenn du dich in diesem Kapitel wiederfindest, wirst es schaffen. Der Perfektionist lebt sehr ungesund und erhöht sein Herzinfarktrisiko um ein Vielfaches. Es wird also Zeit, sein Leben zu ändern. Der erste Schritt ist immer, sich selbst zu verzeihen. Alles, was du bislang gemacht hast, war richtig. Du konntest nicht anders. Jetzt hast du aber für dich erkannt, einen anderen Weg gehen zu wollen. Nimm all deine Kraft und deinen Willen, um nach innen zu gehen.

Rezept: „Entschleunigung"

Perfektionismus hat bei dir vielleicht auch die Funktion, anderen zu zeigen, dass du alles richtig machst. Dieses Verhalten hat seinen Ursprung oft in der Beziehung mit den Eltern und beruht auf der Kindheit. Du hast dich nur geliebt gefühlt, wenn du alles perfekt erledigt hast, Zimmer aufgeräumt, Hausaufgaben gemacht und gute Noten aus der Schule nach Hause gebracht hast? Dieses Programm läuft immer noch weiter. Bedenke, was dir heute wirklich guttut und nicht deinen Eltern oder anderen Personen! Ein anderer bekannter Grund ist, dass du es eventuell deinen Eltern nie recht machen konntest. Dadurch hast du dir das Diktat des Perfektionismus selbst auferlegt. Das sind alles Programme, die sich automatisieren, um als Kind emotional zu überleben. Überdenke, ob diese Programme noch aktuell sind und dir immer noch guttun oder ob du einen neuen Weg gehen solltest! Male dir einmal aus: Was würde passieren, wenn du dein Verhalten änderst oder genau das Gegenteil leben würdest?

Es ist schwer in Worte zu fassen, wie Entschleunigung bei mir eingesetzt hat. Zunächst einmal habe ich – wie in der Diagnose beschrieben – in meiner Vergangenheit den Auslöser für den Perfektionismus ausfindig gemacht. Es war meine Kindheit. Mein Vater war früh gestorben. Meine Mutter hat einen neuen Lebenspartner. Diese Situation war anfangs für mich unglaublich schwer. Ich machte meiner Mutter damals Vorwürfe. Von diesem Zeitpunkt fing ich an, die Dinge, die ich beeinflussen konnte, zu perfektionieren. Das geschah natürlich unbewusst. Ich wurde einer der besten Schüler in meiner Klasse. Mein Zimmer war immer perfekt aufgeräumt. Ich schrubbte jede Woche meine Holztür zu meinem Zimmer mit Seife ab, auch wenn diese sauber war. Es war meine Art von Flucht – vor der Situation mit meiner Mutter. Erst viele Jahre später wurde mir dies bewusst. Als erstes bin ich zu meiner Mutter gegangen und habe ihr gesagt, dass sie für die Situation nichts konnte. Sie hat damals so gehandelt, wie es für sie am besten war. Sie konnte in der Situation nicht anders, sonst hätte sie es getan. Das meine ich von ganzem Herzen. Es ist dieser erste so wichtige Schritt zu mir selbst. Verzeihe den Menschen, die deinen Perfektionismus ausgelöst haben! Verzeihe ihnen und lass unangenehme Gefühle los! Dieses Loslassen wird den Drang nach Perfektionismus lösen. Wenn du ganz in der Lage bist, loszulassen, schaffst du den Freiraum und die Möglichkeit, einen anderen Weg zu gehen. Ich habe meiner Mutter nicht nur persönlich vergeben, sondern benötigte darüber hinaus noch viele Jahre der Vergebung in der Meditation. Du darfst nicht vergessen, dass du viele Jahre lang genau das Gegenteil gemacht hast. Es bedarf auch einer gewissen Zeit, diese neuen Informationen in deinen Gedanken zu verankern. Die Meditation half mir, den Berg an negativen Emotionen abzubauen. Nach und nach wurde ich achtsamer für die Situationen, in denen ich perfekt sein wollte. Ich experimentierte herum. So arbeitete ich eine Zeit lang nur mit halber Kraft und machte weniger Stunden, als ich mir selbst vorgegeben hatte. Ich machte die Wohnung nicht mehr sauber und delegierte Tätigkeiten im Haushalt an meine Kinder. All diese Dinge vielen mir sehr schwer. Später stellte ich aber fest, dass ich mehr Zeit hatte und die Arbeit trotzdem erledigt war. Es ist wichtig, die Abläufe, wie du sie bislang durchgeführt hast, mit neuen Tätigkeiten zu ersetzen. Geh neue Wege, probiere dich aus! Erlebe alles achtsam und du wirst ein Wunder erleben! Als weiteren Schritt habe ich Puffer in meine Tagesplanung eingebaut. Die vier Lebensbereiche halfen mir anfangs bei der Planung, dennoch schwoll mein Terminkalender durch zusätzliche Tätigkeiten an. Erst das Einführen von Puffern wie zum Beispiel eine Stunde lesen am Samstagnachmittag oder zehn Kilometer laufen nach der Arbeit, waren der Schlüssel zum Erfolg. Dies waren Termine, die ich genauso eingehalten habe, wie das Abendessen mit Freunden oder die Besprechung mit meinen Kollegen in der Firma. Mach dich selbst zum wichtigsten Menschen in deinem Leben! Niemand anderes sollte dir wichtiger sein. Wer sonst kann so gut für dich sorgen, wie du selbst? Erlebe wieder deinen Erfolg! Wenn du etwas erreicht hast, belohne dich mit einer Stunde Meditation oder einer Stunde lesen. Belohne dich mit den Dingen, die dir in der Vergangenheit so schwergefallen sind. Über das Belohnungssystem findest du schnell Gehör in deinen Gedanken. Du merkst schon, die Achtsamkeit und der achtsame Umgang mit dir selbst sind wichtig, um überhaupt erst einmal zu erkennen, warum du so bist wie du bist. Mir hat die Entschleunigung den Erfolg gebracht. Ich weiß, dass meine Seele nicht nach Auslastung oder Schnelligkeit strebt. Sie ist zeitlos und ohne Wertung. Das macht die Betrachtung meines Lebens so leicht. Es gibt nichts, was ich verpassen könnte.

Finde die Auslöser für deine Probleme und verzeih ihnen! Mach die Waldmeditation drei Monate, täglich dreißig Minuten nur mit dem Verzeihen deiner Auslöser!

Kapitel 36
Achtsamkeitsmeditation

Diagnose: „Nicht richtig meditieren können"

Die Achtsamkeitsmeditation ist etwas Spezielles und Einzigartiges. Daher ist es wichtig an die Achtsamkeitsmeditation richtig heranzugehen. Ich habe oft meditiert und mich in Gedanken verloren. Das ist zwar nicht schlimm, ist aber keine wirkliche Achtsamkeitsmeditation und führt nur langsam oder sehr verschleiert in die Achtsamkeit. Wenn du dich in die Meditationsposition begibst und du dich auf den Weg in die Waldmeditation machst, bleib ganz bei dir! Gehe Den Weg bis auf die Lichtung bewusst! Lass deine Gedanken unbeachtet! Erst wenn du auf der Lichtung sitzt, beobachtest du, wie die ersten Gedanken kommen und gehen. Mach aber nicht den Fehler und verstricke dich zu tief in den einzelnen Gedanken! Es geht beim Achtsamkeitstraining nicht darum, dich mit aktuellen Problemen zu beschäftigen. Ich habe zu Beginn meiner Meditationszeit immer einen Zettel und einen Stift bei mir gehabt, um zu Beginn die wichtigsten Punkte aufzuschreiben. Somit schaffe ich es überhaupt erst, meine Gedanken in die richtige Richtung zu lenken. Das Aufschreiben der wichtigsten Gedanken entlastete mich für die Meditation. Beginn also damit, auf die Lichtung zu gehen, dich in den Meditationssitz zu begeben und dann die Gedanken kommen und gehen zu lassen! Wenn du dies einige Zeit gemacht hast und dich nicht in einzelnen Gedanken verstrickt hast, bist du bereit für die Achtsamkeit.

Rezept: „Achtsamkeitsmeditation"

Jetzt kannst du mit der eigentlichen Übung beginnen. Es geht darum, aus dem *Tun* in das *Sein* zu gelangen. Wenn du dich bislang im Alltag oder auch bei den ersten Meditationsversuchen mit dem Tun beschäftigt hast, geht es bei der Achtsamkeit um das Sein. Du kannst zum Beispiel den Besuch unter dem Wasserfall benutzen, um zu sein. Ich mache oft diesen Gedankenausflug unter dem Wasserfall und bin ganz bei mir. Danach sitze ich wieder im Schneidersitz auf der Lichtung und fühle die Wärme, höre das Singen der Vögel und spüre die Weite der Lichtung. Ich gebe mich ganz der Situation hin. Ich spüre innere Ruhe und das Sein, ohne in Gedanken an irgendwelche Probleme zu denken. Dieses Gefühl gibt mir Sicherheit. Es gibt nichts, was mir in dieser Meditation auf meiner Lichtung passieren kann. Es gibt dort nur bedingungslose Liebe, Glück und Achtsamkeit. Es ist ein Zustand der vollkommenen Entspannung und der unendlichen Kraft des Universums. Meine Seele darf das tun, was sie am liebsten tut. Einfach nur sein und die Gedanken überlagern diese wunderbare Situation nicht. Es fehlen mir die Worte dieses Gefühl von Glück, was ich erfahre, hier in dieses Buch zu schreiben. Wenn du einmal selbst die Erfahrung in der Achtsamkeitsmeditation gemacht hast, wirst du verstehen, was ich meine. Mit dieser täglichen Praxis wirst du schnell merken, wie sich dein Leben wandelt. Bleib in deinem Leben immer in diesem Kontakt zu dir selbst. Das Universum, die Welt und auch dein Umfeld dürfen in dieser Zeit der Meditation so sein, wie sie sind. Du musst und darfst keinen Einfluss nehmen in deinen Gedanken. Nur so wirst du die echte Achtsamkeit erfahren.

Drei Monate lang jeden Tag zweimal dreißig Minuten einfach nur sein!

Kapitel 37
Die Zeit mit der Zeit

Diagnose: „Nichts mit der neuen Zeit anfangen können"

In Gesprächen mit Menschen, die ihren Lebenssinn verloren haben, höre ich oft: „Was soll ich denn mit meiner Zeit anfangen?" Damit ist gemeint, was man mit der neuen Freiheit oder der Zeit, die man durch die Einteilung der vier Lebensbereiche erlangt hat, machen kann. Der Vogel fliegt ja bekanntlich auch nicht aus dem Käfig, weil er Angst hat. Genauso geht es diesen Menschen. Sie haben nicht den Hauch einer Idee, was ihnen wirklich von Herzen Freude machen würde. Sie sind so verstrickt in ihren Gedanken, dass die Welt ihnen verschlossen bleibt. Vielleicht gehörst du auch zu den Menschen, die mit ihrer Freizeit nichts anfangen können? Oder zu denen, die behaupten, sie hätten überhaupt keine Zeit mehr für so etwas? Die Zeit, die wir haben, steht jedem gleich zur Verfügung. Mir zum Beispiel steht mehr Zeit als allen anderen Menschen in meiner Umgebung zur Verfügung. Warum? Weil ich achtsam bin und mir die Zeit viel länger vorkommt, als sie wirklich ist. Daher habe ich viel mehr Zeit als die Mitmenschen, die ich nach ihrer Zeit frage.

Wo stehst du im Verhältnis zu deiner Zeit? Schreib dir einmal fünf Begriffe für deinen Umgang mit deiner Zeit auf und schau im Internet nach fünf Begriffen für ein entschleunigtes Leben voller Sinnhaftigkeit! Stimmen die Wörter überein oder findest du im Internet Wörter, die du lange nicht mehr benutzt hast? Ich habe das Buch „Die Entdeckung der Langsamkeit" gelesen. Dieses Buch hat mich im Herzen berührt und mir gezeigt, was Langsamkeit wirklich bedeutet und wie sie sich auswirkt. Ich habe ein ganz neues Bewusstsein für die Langsamkeit erhalten. Aber auch dieses Buch kann nur ein Anreiz sein. Den Weg in die Langsamkeit kannst du nur selbst gehen. Viele können nichts mehr mit ihrer Zeit anfangen, da sie lange daran gearbeitet haben hektisch und schnell zu sein. Es bedarf auch hier ausdauerndem Training, diesen Prozess umzukehren. Du musst etwas in deinem Leben ändern, um das begreifen zu können. Mach ein Experiment und du wirst sehen, dass es sich lohnt! Folge meinem Rezept!

Rezept: „Die Zeit mit der Zeit richtig betrachten"

Ich genieße Zeit in meinem Leben. Wenn mich jemand fragt, wie es mir geht, antworte ich im Normalfall: „Mir geht es großartig. Ich fühle mich herrlich leicht und habe genügend Zeit für mich." Das sorgt für Gesprächsstoff. Es scheint ungewöhnlich zu sein, dass ich so empfinde. In Europa ist es nicht normal, im Normalfall so zu reagieren. Was antwortest du von Herzen, wenn jemand dich fragt, wie es dir geht? Es ist eine simple Antwort, sie sagt aber sehr viel über dich aus. Ich habe hier eine Liste für dich. Mach über einen

Zeitraum von einem Monat das Experiment, jeden Tag eines dieser Dinge von der Liste mit in deinen Alltag zu verbauen!

1. Dreißig Minuten Laufen gehen im Park
2. Sich mit einem Tier eine Stunde lang beschäftigen
3. Eine halbe Stunde Inliner fahren
4. Dreißig Minuten in einem Blumenladen an den Blüten riechen und genießen
5. Eine dreißigminütige Meditation durchführen
6. Sich mit Freunden treffen und mindestens eine Stunde quatschen
7. Mitten am Tag dreißig Minuten schlafen
8. In den Wald gehen und dreißig Minuten an einem Bach sitzen
9. Im Wald eine Lichtung suchen und dort dreißig Minuten sitzen
10. An den Kühlschrank gehen, ein leckeres Essen zubereiten und eine Stunde langsam essen
11. In der Tierhandlung dreißig Minuten in ein Aquarium gucken und die Fische beobachten
12. Deinen Lieblingsfilm alleine ansehen
13. Allein im Straßencafé sitzen und dreißig Minuten einen Kaffee trinken
14. Sich in der Parfümerie beraten lassen, welcher Duft zu dir passt und ausprobieren
15. Eine Stunde die Zeitung oder ein Buch lesen

16. Deine Lieblings-CD aus dem Regal nehmen und alleine ganz anhören ohne etwas anderes zu tun
17. Die Wohnung eine Stunde lang ganz langsam aufräumen – es ist egal, wie weit du kommst
18. Das Tierheim im Ort besuchen und ein Tier streicheln
19. In die Kirche gehen und an einem Gottesdienst teilnehmen
20. Zwanzig Minuten in die Sonne gehen oder in das Solarium
21. Beim Friseur einen Termin machen und sich richtig verwöhnen lassen
22. Sich professionell massieren lassen
23. Eine Stunde bewusst im Internet treiben lassen
24. Einen ganz langsamen Spaziergang von zwanzig Minuten machen
25. In einem Buchladen eine Stunde lang herumstöbern
26. Ein Bild dreißig Minuten lang malen
27. Jemanden aus der Vergangenheit per Telefon oder persönlich kontaktieren
28. Bei Wikipedia das Wort Glück, Liebe und Achtsamkeit lesen
29. Einen Tag verbringen, wie du ihn sonst auch verbringen würdest
30. Schauen, welche der neunundzwanzig Tage gut und welche schlecht waren.

Mach dir am besten jeden Abend Notizen zum Tag! Es reicht schon, dich selbst zu fragen, was an diesem Tag besonders schön oder besonders beachtenswert war. Du wirst über das tägliche Ergebnis sehr erstaunt sein. Ich nehme nur ungern die Pointe vorweg, aber du wirst feststellen, dass die neuen Dinge, die du bislang nicht gemacht hast, die schönen Dinge sind. Lass dir aber den Spaß von mir nicht vorwegnehmen! Nur durch das Ausprobieren wirst du wirklich zum Erfolg kommen. Die Dinge, die du aus meiner Liste aufgrund von Allergien oder körperlichen Zustand nicht tun kannst, ersetze einfach durch Dinge, die dem Satz nahekommen! Nach dem Probemonat wirst du erstaunt und überrascht sein. Aber egal wie negativ oder skeptisch du an die Sache herangegangen bist, am Ende wirst du immer Glück empfinden. Das kann ich dir versichern. Dieses Glück sollte aber nicht nur für die letzten dreißig Tage sein, sondern für immer in deinem Leben bleiben. Es sollte ein Grundzustand werden. Wenn du also die Dinge, die dir wirklich Spaß gemacht haben, in diesem Monat bekannt sind, dann integriere sie in dein Leben. Erstelle eine Liste von schönen Dingen, die du immer wieder machen möchtest und übernimm sie in deinen Tagesplan! Such auch immer wieder nach unbekannten Dingen und probiere sie aus. Du wirst das Leben so kennen lernen, wie du ihm begegnest. Entweder mit offenem Herzen und viel Freude oder negativ mit Ablehnung und der Ansage: „Das klappt doch eh nicht." Du wirst dich in jedem Fall entscheiden. Einen Weg wirst du gehen. Es ist immer der für dich richtige Weg. Mach aber nicht den Fehler, dein Leben nur nach diesen neuen schönen Tätigkeiten auszurichten. Es ist ein Teil deines Seins. Der andere Teil besteht darin, diese Dinge achtsam zu erleben. Wenn du zum Beispiel das Tierheim besuchst und daran denkst, dass du dort nur traurige Tiere sehen wirst und du dadurch auch traurig wirst, kannst du vielleicht erahnen, wie es dir nach dem Besuch gehen wird. Wenn du aber mit Freude und Glück dort hingehst und dir vornimmst, nur einen Hund zum Schwanzwedeln zu bringen, hast du etwas Gutes getan. Der Hund war vorher und wird auch nach deinem Besuch im Tierheim sein. Aber das Glück, das du ihm gebracht hast, wird bleiben. Der Hund und vor allen Dingen du wirst dieses Glück mitnehmen. Alles, was du im Leben tust, hängt von der Betrachtung ab, wie du sie siehst. Entscheide dich neu und geh an die Dinge mit einer neuen unbelasteten Sichtweise heran! Verurteile nicht von vornherein. Gib dir die Chance, anders zu entscheiden und du wirst ein Wunder erleben!

Die Liste in einem Monat in dein Leben integrieren!

Kapitel 38
Kleine Schritte zum Glück

Diagnose: „Aber"

Es genügt nicht, ein Buch zu lesen oder einen Meditationskurs zu besuchen. Dies ist mir erst vor kurzem wieder klargeworden. Ich hatte ein längeres vertrauliches Gespräch. In diesem Gespräch erzählte mir mein Gesprächspartner, dass er die von mir empfohlenen Bücher alle gelesen hätte. Das letzte Gespräch vor einigen Monaten mit mir hätte er auch beherzigt. Das sei ihm alles klar, aber dennoch komme er nicht weiter. Er habe immer noch Angstzustände. Er wisse zwar, was er machen müsse, aber er wüsste nicht, wie er beginnen solle. Im Gespräch mit ihm benutzte er immer wieder das Wort *Aber*. Somit hat er für alle guten Ratschläge ein *Aber* parat. Ich fragte ihn, ob er bereits eine Achtsamkeitsmeditation in der Praxis für dreißig Minuten durchgeführt hätte. Er sagte. „Das bringt doch nichts. Ich muss erst einmal meine Probleme in den Griff bekommen." Mach es dir nicht so kompliziert, wie mein Gesprächspartner damals. Es geht nicht darum, mit einer bestimmten Sache anzufangen. Es geht auch nicht darum, etwas Bestimmtes zu erlernen. Mach dich frei von diesen Zwängen! Benutze positive Sätze und lass das *Aber* weg! Das *Aber* ist eine Einschränkung und macht dich zum Opfer. Mein Gesprächspartner war das Opfer seiner eigenen Einwände geworden. Er erarbeitete sich viele Informationen nur, um sich dann mit viel Energie in die Opferrolle zu begeben und damit einen anderen Weg einzuschlagen, wie er eigentlich von Herzen wollte. Ich habe ihm daraufhin geraten, dass er sich für einen anderen Weg als den, den er mir beschrieben hat, entschieden hat. Seine Entscheidung war bereits gefallen. Das hat er zunächst nicht verstanden. Ich erklärte ihm, dass er sich bereits entschieden hat, den alten Weg weiterzugehen. Ich sagte ihm, dass er alle wichtigen Informationen in Form von Büchern vorliegen habe, er aber noch nicht bereit sei, den Weg zu gehen. Meine Empfehlung an dieser Stelle war es, das *Aber* weg zu lassen und kleine Schritte zu wählen.

Rezept: „Kleine Schritte zum Glück"

Betrachte die Änderung deines Lebens zu Glück, Liebe und Achtsamkeit nicht als ein Projekt. Betrachte es als das, was es ist: Glück, Liebe und Achtsamkeit. Mach kleine Schritte in die für dich richtige Richtung! Beschäftige dich zunächst nur mit einer Angst! Beginn nur mit einer Meditation von fünfzehn Minuten! Nimm dir nur vor, fünfzehn Minuten zu sitzen und die Augen zu schließen! Wenn du das geschafft hast, betrachte dies als Erfolg! Der Weg ist das Ziel. Wie steinig du ihn machst, bleibt dir überlassen. Der Weg in ein neues Leben funktioniert nicht, wenn du die alten Werkzeuge dafür nimmst.

Daher lieber kleine Schritte mit kleinen Zielen. Ich besinne mich ja auch jeden Tag neu. Jeden Tag begebe ich mich wieder in die Achtsamkeit. Denk immer wieder an deine Seele in dir! Die Seele ist ohne Wertung. Es ist also unerheblich, ob du viel oder wenig meditierst. Es ist auch unerheblich, ob du heute oder morgen damit anfängst.

Wenn jeder das tut, was sein Herz ihm sagt und den ersten Gedanken umsetzt, dann haben wir das Paradies auf Erden. Davon bin ich restlos überzeugt. Ich meine nicht, was deine Gedanken dir sagen. Es geht um den ursprünglichen ersten Gedanken. Die Seele kommt aus dem Licht des Universums. Sie besteht aus reiner Energie. Ich stelle mir (wie bereits an anderer Stelle beschrieben) die Seele wie einen brennenden Energieball vor, der in meiner Mitte ruht. Er ist schon immer dagewesen. Er wird – egal was ich tue – nicht weggehen. Er ist immer und ohne Zeit. Er ist einfach so wie er ist und er wird niemals werten. Genauso, wie das Universum nicht wertet. Es ist ein Zustand, der weder richtig noch falsch ist. Wie du deine Seele siehst, bleibt natürlich dir überlassen. Ich beschreibe hier nur meinen Weg zum Glück. Wichtig für dich ist, dass du an dich glaubst. Egal wie es in dir aussieht oder was du für deine Wahrheit ansiehst – schaffe dir deinen Glauben an dich selbst! Mach dir ein Idealbild von dir, welchem du selbst nacheifern kannst! Glaube an deinen Weg oder glaube (wie ich) an die Seele in dir! Der Glaube wird Berge versetzten. Und glaub mir, Glauben hat nichts mit Gott zu tun. Der Glaube ist, das Wissen darum, dass du überhaupt existierst und handelst. Wenn du daran nicht glauben kannst, wird es unmöglich, den Weg von Glück, Liebe und Achtsamkeit zu gehen.

Finde das Bild von dir, an das du glauben kannst!

Kapitel 39
Homebase finden

Diagnose: „Mit Gott hadern"

Bewusst habe ich in diesem Buch das Wort *Gott* noch nicht benutzt. Ich habe mich viele Jahre mit dem Thema *Gott* auseinandergesetzt. Vielleicht hast du das auch schon einmal gemacht? In der Schule haben wir etwas über Gott und die Bibel gelernt. Später haben mir meine Eltern ein Bild von Gott vermittelt. Als Jugendlicher habe ich die Bibel gelesen und mir viele Notizen gemacht. Ich habe auch viele Passagen in der Bibel markiert. Erst viel später habe ich das Thema Gott wieder aufgegriffen und für mich ausführlich betrachtet. In der Bibel stehen viele Punkte, die dir im Leben weiterhelfen. Es gibt aber auch die Kehrseite. Da geht es um Angst und Buße. Dieses Schüren von Angst in der Bibel kommt nicht von Gott, sondern wurde durch die Schreiber der Bibel erzeugt. Die Bibel wurde von den Menschen instrumentalisiert. Es wurden Busgelder eingetrieben und für die Absolution Gelder verlangt. Grundlage dafür war die Bibel. Darum habe ich später die Bibel beiseitegelegt und habe selbst angefangen nur die Wahrheiten aus der

Bibel für mich aufzuschreiben. Damals habe ich aber noch mit Gott gehadert. Gott sollte doch bitte alles richten. Alle schlechten und unrechten Dinge ließ Gott in meiner Welt zu. Das fand ich nicht rechtens. Darum klagte ich Gott damals an. Ich machte mich zum Opfer von Gott. Gott war damals für mich ein unfertiges Gebilde aus Informationen. Wie sollte ich an etwas glauben, was irgendwie zusammenhangslos ist? Die Bibel steht an vielen Stellen im Wiederspruch zu meiner inneren Überzeugung. Da ich damals der festen Überzeugung war, an etwas zu glauben, was mein Fundament werden sollte, war dies eine sehr schwere Zeit für mich. Die Bibel rückte aufgrund meiner Studien in immer weitere Ferne. Der Glaube an Gott war mir zu allgemein und unbegreiflich. Viele Bücher haben mir Anreize gegeben, aber den Glauben an etwas, was meine Lebensbasis werden sollte, habe ich dabei nicht gefunden. Es ist auch sehr schwer mit anderen Menschen über dieses Thema zu sprechen. So wie das Wort Gott im Gespräch fällt, hat jeder Gesprächspartner andere Vorstellungen von Gott. Ich habe schon die wildesten Diskussionen geführt, weil alle Gesprächspartner eine völlig andere Vorstellung von Gott hatten. Das Wort Gott habe ich daher in diesem Buch nicht weiter benutzt. Ich möchte aber meinen Glauben und meine Lebensbasis erklären. Das ist nämlich das Ergebnis nach vielen Jahren des Suchens. Meinen Glauben möchte ich jedoch nicht auf dich projizieren. Dies ist mein Glauben an mein Leben. Du kannst das Rezept lesen und dir eigene Bilder und Vorstellungen zu diesem Thema machen. Entscheidend ist, dass du an dich glaubst und eine Basis für dich findest.

Rezept: „deine Homebase finden und glauben"

Dieses Rezept ist wohl eines der wichtigsten Rezepte in diesem Buch. Ich werde versuchen, dieses wichtige Kapitel so einfach und übersichtlich zu beschreiben, dass du meinen Gedanken folgen kannst. Beginnen wir also mit dem Begriff Gott. Gott ist wie bereits in der Diagnose geschildert der falsche Begriff. Für dieses Kapitel solltest du deinen Kopf völlig frei machen und dich von Gedanken zu Gott distanzieren. Vergiss die Kirche, Gott und die Bibel. Mach deine Gedanken frei für meine Geschichte! Wenn du meinen Gedanken nicht zustimmst, kannst du gern zu deiner Vorstellung zu diesem Thema zurückkehren. Um aber meine Geschichte zu verstehen, ist es wie gesagt nötig, unbelastet und ohne Gedanken an die Vergangenheit an dieses Thema heranzugehen.

Der erste Schritt in meiner Geschichte ist, dass ich an mich glaube und alles was nötig ist in mir habe.

Ich habe eine Urbasis, die unerschütterlich ist. Sie ist für alle Menschen gleich und stellt für jeden Menschen das gleiche Werkzeug bereit. Schau an dieser Stelle genauer hin und lass einmal deine materiellen Gedanken beiseite! Jeder Mensch hat den gleichen Start mit den gleichen Werkzeugen. Nur deine Gedanken treffen an dieser ersten entscheidenden Aussage ein *Aber*. Aber ein behinderter Mensch hat doch einen anderen Start als ein gesunder Mensch? Aber ein reicher Mensch hat einen anderen Start als jemand der im Slum geboren wird? Das ist aus meiner Sicht nicht richtig. Das Werten einer Situation findet nur in deinem Kopf statt. Mach dich erneut bei diesem ersten Gedanken frei und erkenne, dass jeder Mensch den gleichen Start im Universum hat! Vor dem Universum ist jeder Mensch gleich. Es sind die Gedanken in deinem Kopf und in den Köpfen aller Menschen, die durch Wertung der Dinge durcheinanderkommen. Versuch das Universum ohne Wertung zu erkennen! Es ist nicht schlecht, aber auch nicht gut. Es ist. Genauso ist es mit dir als Mensch. Grundsätzlich bist du einfach du. Du bist nicht schlecht und auch nicht gut. Erkenne die Macht, die mit dieser Erkenntnis einhergeht. Alles, was du bislang gemacht hast, hast du richtig gemacht. Du hast es gemacht, wie du es gemacht hast. Mach nicht den Fehler sofort wieder zu werten! Das Werten ist ein mächtiges Werkzeug. Nur wir Menschen bewerten. Kein Tier, kein Bach und auch kein Baum wertet das Universum oder sein Leben. Nur der Mensch hat dieses sehr mächtige Werkzeug. Daher lerne weise mit dieser Gabe umzugehen. Kommen wir zurück zum Menschen. Nachdem ich das Universum für mich entdeckt hatte, machte ich den zweiten Schritt zu meiner Seele. Meine Seele ist ein Energieball in meiner Mitte. Ich habe schon einmal früher in diesem Buch darüber gesprochen. Es fiel mir in meinen Gedanken immer sehr schwer, meine Seele zu beschreiben oder für mich begreifbar zu machen. Somit habe ich mich dafür entschieden, meine Seele als strahlenden Energieball in meiner Mitte vorzustellen. Meine Seele ist ein Teil des Universums und genauso wie das Universum ohne Wertung. Meine Seele hat nichts falsch und auch nichts richtig gemacht. Sie ist in meiner Mitte und ist zeitlos. Sie ist weder jung noch wird sie älter. Sie ist wie ein Urstein in meiner Mitte. Wenn ich aus meiner Mitte falle oder mir Dinge im Leben begegnen, die mich beschäftigen, kehre ich immer wieder zu meiner Seele zurück. Sie zeigt mir, dass ich eine Mitte habe, die unerschütterlich und unantastbar ist. Auch wenn ich sterben würde, würde die Seele dies ohne Wertung sehen. Sie würde nicht traurig sein. Du merkst, meine für mich gefundene Wahrheit hat große Ähnlichkeit mit der Bibel und auch mit Gott. Ich finde es aber für mich einfacher mit meinen eigenen Begriffen zu arbeiten. Bleiben wir also bei Universum und Seele. Meine Seele ist also ein Stück des Universums. Das ist auch wissenschaftlich bewiesen, da ich als Mensch ein Teil des Universums bin. Neben dem

Universum und meiner Seele gibt es noch zwei weitere Zweige, die zu meinem Glauben an mich selbst gehören. Der erste Zweig ist mein Bewusstsein. Das Bewusstsein ist etwas anderes als deine Gedanken. Das Bewusstsein ist achtsam und der Ursprung. Das Bewusstsein ist die Basis, aus der deine Gedanken entstehen. Meine Seele und mein Bewusstsein sind meine Basis in der Meditation. Immer wenn ich achtsam bin oder meditiere, besinne ich mich meiner Seele und meines Bewusstseins. Dies sind die Bausteine, die für mein unbeschwertes Leben notwendig sind. Die Gedanken, die aus dem Bewusstsein entstehen, sind der Beginn der Kommunikation. Zuerst denke ich, und dann spreche ich, und manifestiere somit meine Gedanken in meinem Umfeld.

Ich fasse an dieser Stelle noch einmal zusammen:

Das Universum ist alles und der Ursprung von allem.

Die Seele ist ein Teil des Universums in mir.

Das Bewusstsein entwirft den Urgedanken in mir – frei von Wertung.

Die Gedanken sind das, was wir alle als solches kennen.

Mit diesen vier Dingen habe ich meine Basis im Leben gefunden. Der Grundstein ist aber immer wieder meine Seele, wenn ich ins Zweifeln komme oder Informationen von außen mich erreichen – meine Seele bleibt immer die Konstante in mir. Sie weiß, dass alles, was passiert, einfach passiert. Sie ist und bleibt reine Energie und gibt mir immer wieder die Kraft, in meinem Bewusstsein mit meinen Gedanken zu interagieren. Im Grundgesetz der Bundesrepublik steht: „Die Würde des Menschen ist unantastbar." Genau das ist mein Satz. Meine Seele ist unantastbar. Weder durch mich noch durch jemand anderen oder irgendetwas. Ich hoffe, ich konnte dir einen Eindruck meines Inneren vermitteln. Das Universum und die Seele habe ich (glaube ich zumindest) ganz gut getroffen. Das Bewusstsein möchte ich noch etwas ausführlicher beschreiben.

Das Bewusstsein sehe ich als ein zusätzliches Werkzeug an, das nur wir Menschen haben. Tiere haben natürlich auch eine Seele und können denken und dadurch handeln. Aber das bewusste Denken und somit das bewusste Entscheiden können nur wir Menschen. Ein Reh springt nicht von einer Klippe und ein Baum stirbt nicht, weil er sich dazu bewusst entscheidet. Das ist das Bewusstsein, was nur wir Menschen haben. Bewusstheit ist für mich also der klare, erste, bewusste und ursprüngliche Gedanke in mir. Er ist rein und immer richtig für mich. Erst die Erfahrungen in meinem Gehirn und die dadurch erzeugten Gedanken lenken das Bewusstsein in eine bestimmte Richtung. Ich sehe daher meine Aufgabe darin, meinem Bewusstsein möglichst nah zu kommen und ein achtsames, glückliches Leben voller Liebe und bewussten Seins zu verbringen. Ein Mentor sagte mir einmal diesen Satz: „Etwas anderes gibt es nämlich nicht zu tun." Dieser Satz war es, der mich dazu bewegt hat, den Weg zu gehen, den ich gehe. Ich wünsche dir an dieser Stelle Glück, Achtsamkeit und Liebe, weil ich es kann und dies möglich ist. Ohne *Aber.*

Finde deine Homebase!

Kapitel 40
Loslassen

Diagnose: „An den Dingen haften bleiben"

Aus Indien gibt es eine interessante Geschichte über einen Affen. Ein Mann holt eine Kokosnuss vom Baum und schneidet ein Loch hinein. Den Inhalt leert er aus. Dann fädelt er eine Banane durch das kleine Loch in die Kokosnuss. Ein Affe, der das Ganze mit angesehen hat, kommt vom Baum und greift mit der Hand durch das Loch die Banane. Das Loch in der Kokosnuss ist aber zu klein, um die Banane mit der Hand hindurchzubekommen. Der Affe bräuchte die Banane nur loszulassen, um die Hand aus der Kokosnuss zu bekommen. Er macht es aber nicht.

Genauso geht es vielleicht auch dir bei vielen Gedanken, die du hast. Es gab vielleicht in der Vergangenheit eine Situation, mit der du nicht einverstanden warst. Du hast damals dagegengesprochen, hattest aber keinen Erfolg. Du konntest die Situation aber vielleicht bis heute nicht akzeptieren. Dann geht es dir ähnlich wie dem Affen.

Ich möchte zusätzlich ein Beispiel aus meiner persönlichen Vergangenheit schildern. Dieser Vorgang hat dafür gesorgt, dass ich keinen Kontakt mehr zu meinem damals besten Freund habe. Mein Freund hat eine große Familie mit eigenem Landbesitz. In Seiner Jugend gab es eine Erbschaftsauseinandersetzung. In dieser Auseinandersetzung oder Erbaufteilung wurden der Landbesitz und auch die Häuser der Familie verteilt. Da er selbst nicht gefragt wurde, bekam er im Nachhinein nur die Information, wie die Verteilung vorgenommen wurde. Auf jeden Fall war die Aufteilung nicht so, wie er sich das vorgestellt hatte. Seine Mutter hatte einen großen Teil an andere Familienmitglieder abgetreten. Somit wurde mein Freund aus seiner Sicht nicht ausreichend berücksichtigt. Er erzählte mir die Geschichte wieder und immer wieder. Es beschäftigte ihn über viele Jahre hinweg. Er grübelte und äußerte immer wieder seinen Unmut über die – aus seiner Sicht – ungerechte Verteilung des Erbes.

An meinem Beispiel und auch an dem Beispiel mit dem Affen kannst du erkennen, was ich mit dem „an den Dingen haften bleiben" meine. Ich kann meinem Freund und auch dir nur empfehlen, dieses Kapitel genau zu lesen und die Übung dazu zu machen. Ich habe mich dann bewusst dafür entschieden, mich nicht mehr mit ihm zu treffen. Trotz mehrfachen Versuchs ihm zu helfen, konnte ich ihm nicht aus dem Teufelskreis helfen. Das ist in Ordnung. Unsere Wege gingen in verschieden Richtungen. Geh einmal in dich und schaue, ob du auch solche Gedanken hast, die immer noch in dir haften? Die Schubladen in deinem Kopf sind dann noch offen und nicht aufgeräumt. Es wird Zeit, jede dieser Schubladen bzw. jeden anhaftenden Vorgang hervorzuholen und ihn gehen zu lassen. Wie das geht, erkläre ich wie immer im Rezept.

Rezept: „Loslassen"

Hast du auch Familienmitglieder oder Freunde, die an alten negativen Dingen haften? Hilf ihnen oder bau einen gesunden Abstand zu ihnen auf. Wenn du dich mit solchen Personen umgibst, wirst du schnell in den Trauersee gezogen. Ich will damit sagen, dass dich diese Personen dazu auffordern mitzujammern und unlösbare Probleme zusammen mit dir zu betrauern.

Du kannst diesen Kreis für dich durchbrechen! Es geht relativ einfach und logisch los. Als erstes unterscheide wie bereits im Kapitel 5 – *Erkennen und achtsam leben* die drei Bereiche:

>Deine Angelegenheiten
>
>Die Angelegenheiten eines anderen
>
>Die Angelegenheiten des Universums oder Gottes

Es ist sehr wichtig, dieses Kapitel verstanden zu haben. Du kannst nur „deine Angelegenheiten" beeinflussen. Dieser Punkt ist auch von meinem damals besten Freund nicht verstanden worden. Er hätte den Vorgang loslassen sollen. Es war nicht seine Angelegenheit oder seine Macht, die Erbangelegenheit zu beeinflussen. Es gibt ein Gesetz zur Verteilung von Erbe und es gab Familienmitglieder in seiner Familie (die Angelegenheit eines anderen), die Entscheidungen getroffen haben. Sicherlich war es richtig, seine Meinung zum Thema zu sagen. Die Familie wird dies auch verstanden haben. Geändert hat dies aber offensichtlich nichts. Und somit ist der Vorgang auch schon abgeschlossen und er hätte loslassen können. Mit diesem Loslassen geschieht etwas ganz Entscheidendes. Die Gedanken sind wieder in der Gegenwart und achtsam beim Leben. Wenn die Gedanken weiter in der

Vergangenheit oder bei solchen Problemen hängen bleiben, wird die aktive Zeit in der Gegenwart immer kürzer. Stell dir einmal vor, du beschäftigst dich mit zehn solcher Probleme – wie mein damals bester Freund. Du wirst merken, dass du einen ganzen Tag brauchst, um die Gedanken an die ganzen Probleme immer wieder durchzuspielen. Dadurch erreichst du eine komplette Lähmung deines aktiven Lebens. Du bist mal wieder „nicht in Gedanken bei dir". Entscheide also zunächst, wessen Angelegenheit es ist. Dann unterscheide die Probleme und notiere sie einzeln. Wenn du das gemacht hast, entscheide dich, etwas aktiv dafür zu tun, um die Situation zu ändern oder entscheide dich, die Situation zu akzeptieren und die Gedanken gehenzulassen. Es geht nicht darum, die Situation zu ignorieren. Es geht darum, deinen Frieden mit den noch offenen Vorgängen zu machen. Das kannst du ganz aktiv tun, indem du beteiligte Personen ansprichst. Sag ihnen, ich fand dies und jenes damals nicht gut! Es hat mich viele Jahre beschäftigt. Ich möchte dir aber verzeihen und dir sagen, dass du damals nicht anders handeln konntest, sonst hättest du es getan. Oder wenn es keine betroffenen Personen gibt, sag es zu dir selbst! Nimm eine neue Betrachtungsweise ein und sieh die Dinge einmal von der anderen Seite! Akzeptiere und lass gehen oder tue etwas Aktives, um die Situation so zu beeinflussen, dass sie deiner geistigen Haltung entspricht. Ich habe damals zunächst aktiv gehandelt und mit meinem damaligen Freund mehrfach gesprochen. Nach einigen Wochen habe ich aber gemerkt, dass ich ihm nicht bei seinem Problem helfen konnte. Somit habe ich mich dann als nächstes aktiv dazu entschlossen, den Kontakt nicht weiter aufrechtzuhalten. Es geht wieder darum, der eigene Meister über seine Gefühle und seine Angelegenheiten zu werden. Solange du in einem geistigen Brei von vielen unerledigten Angelegenheiten herumstocherst, wirst du nicht zur Meisterschaft gelangen. Wenn du aber erst einmal die klebrigen Vorgänge einer nach dem anderen erkannt und bewusst gelöst hast, wirst du merken, dass du der Herr im eigenen Gedankenhaus bist. Du bist der Erschaffer deiner Wirklichkeit. Nur du kannst dein Leben zur Meisterschaft führen. In vielen äußeren Dingen warst du doch auch erfolgreich. Mach dich mit viel Kraft auf, deine innere Welt zu beherrschen. Glaub mir, es wird sich für dich lohnen!

Zunächst einmal die Angelegenheiten unterscheiden, dann die Angelegenheiten aktiv lösen und oder gehen lassen!

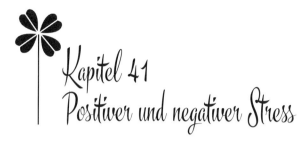
Kapitel 41
Positiver und negativer Stress

Diagnose: „Negativen Stress verspüren"

Es gibt zwei grundlegende Stressarten. Ich unterscheide negativen Stress und positiven Stress. Der negative Stress beinhaltet deine Überforderung. Der positive Stress beinhaltet die Herausforderung. Negativer Stress entsteht immer dann, wenn du keinen Zeitplan und auch keinen Zielplan hast. Ohne diese wichtigen Anhaltspunkte lässt du dich von den Umständen, die dir begegnen, treiben. Somit entscheiden oft andere Personen, wie dein Tag abläuft. Dein negativer Stress entsteht immer dann, wenn dein „ich will" größer ist als dein „ich kann". Wenn du nicht planst, ist die Gefahr sehr groß in negativen Stress zu gelangen, da du sehr viel willst, aber dein Können oft überforderst. Du hast keine Planung gemacht und somit auch keine Übersicht über deine Ressourcen der einzelnen Lebensbereiche. Du wirst am Ende des Tages feststellen, dass du unzufrieden bist, weil du nicht alles geschafft hast. Darüber hinaus hast du ohne Planung nicht alle Lebensbereiche, die dir zur Verfügung stehen, ausgenutzt. Du lebst das normale Leben. Wenn du dir mehr am Tag vorgenommen hast, als du schaffen kannst, wirst du auf Dauer krank werden. Negativer Stress ist ein Antrieb. Wenn du erst einmal merkst, dass du nicht alles geschafft hast und am Ende des Tages unzufrieden bist, wirst du noch mehr Energie daran setzen mehr zu schaffen. Du willst also noch mehr. Das Missverständnis ist aber, dass du nicht mehr kannst. Wie soll das auch gehen, wenn du am Anfang des Tages mit den gleichen Möglichkeiten an die gleiche Aufgabe herantrittst, dir jedoch einfach nur mehr vornimmst? Der negative Stress wird zunehmen. Über die Jahre wirst du stark verschleißen. Du wirst in einem Jahr um viele Jahre älter werden.

Ich möchte an dieser Stelle ein Beispiel aus meiner Praxis anbringen. Ich habe eine längere Zeit neben der Arbeit ein Studium an einer Abendschule gemacht. Das bedeutet, ich habe im Lebensbereich Arbeit wesentlich mehr Zeit investiert als in den anderen Lebensbereichen. Nach knapp einem Jahr ging es mir überhaupt nicht mehr gut und meine Ressourcen waren vollkommen aufgebraucht. Mir fehlte die Regeneration. Genauso schlimm war aber die Vernachlässigung der anderen drei Lebensbereiche. Nach einem Jahr hatte ich ca. zwei Lebensjahre verbraucht. Du kannst sicherlich gezielt so eine Zeit überstehen. Es ist aber wichtig, danach wieder in die Balance zu kommen. Mir ist dies nach dem Studium auch gelungen.

Negativer Stress wird dir auf Dauer Lebensenergie rauben und mit sehr hoher Geschwindigkeit deinen Körper krankmachen. Es hängt alles von dir selbst ab. Ich komme immer wieder zurück zu dir. Du hast deine Wirklichkeit, in der du jetzt lebst erschaffen. Wenn du dich in dieser Diagnose wiederfindest, ist das völlig in Ordnung. Du hast dich für diesen Weg entschieden. Du kannst ihn weitergehen und den negativen Stress oder wie auch immer du ihn nennst weiterleben. Du kannst dich aber auch jetzt und hier anders entscheiden. Schau dir das Rezept an und überlege, wie du in die Zukunft gehen möchtest!

Rezept: „Positiver Stress"

Der Begriff positiver Stress ist auf den ersten Blick etwas widersprüchlich. Schaut man sich aber die Anatomie des Körpers an, begreift man Folgendes: Stress ist für den Körper etwas Gutes. Solange dieser Stress „positiv" ist. Stellst du dir die Frage, welcher Stress positiv ist? Das sind alle Herausforderungen, die mit einem Glücksgefühl enden – mit dem Gefühl, es geschafft zu haben und eigene Ziele zu erreichen. Es ist auch das Gefühl, mit vollem Einsatz und der Aufbringung aller Kräfte das Vorgenommene übertroffen zu haben. Dabei ist die geistige Haltung zu einer Aufgabe oder zu einem Tagesablauf die Basis, ob etwas positiv oder negativ ausgeht. Bei der Planung sollten nicht nur alle Lebensbereiche und die großen Ziele mitberücksichtigt werden. Wichtig ist an dieser Stelle auch, dass die vorgenommenen Punkte klar definiert sind und vor allen Dingen auch geschafft werden können. Plane nach Eisenhower! Nichts ist so befriedigend, wie der Abschluss eines erfolgreichen Tages, wenn du in deiner Planung nur Haken gesetzt hast. Vergiss bei der Planung und dem positiven Stress aber auch nicht die Ruhephasen und die Meditationen. Dieser Bereich macht fünfundzwanzig Prozent deines Tages aus. Plane mit Bedacht und vergiss nicht, dass du aus den einzelnen Lebensbereichen keine Zeit in einen anderen Lebensbereich mit rüber nehmen darfst! Ich habe beides schon gelebt. Glaub mir! Das ausgeglichene Leben ist der bessere Weg. Beginn bei dir selbst und bei den Dingen, die du auch beeinflussen kannst! Blende alle anderen Dinge, die du nicht beeinflussen kannst aus, und lass sie gehen! Bündle deine Kraft auf die Planung und deine Ziele. Nur durch diesen Fokus wirst du in die Lage versetzt, positiven Stress zu empfinden. An dieser Stelle fällt mir ein, dass bei nahezu allen Gesprächen immer wieder von meinen Gesprächspartnern eingebracht wird: „Aber am Tag passieren so viele unvorhersehbare Dinge, dass ich immer wieder in Stress gerate, wenn ich mir dann noch Sachen vornehmen soll. Das wird doch nur noch mehr Stress." Das ist negativer Stress, der sich schnell wieder einstellt. Lass diese Ausreden weg und fang endlich an! Schreibe einen Monat jeden Tag in Fünfzehnminuten-Schritten auf, was du wirklich machst. Du wirst schnell merken, womit du deine Zeit verbringst und woher dein Stress kommt. Mit dieser Übersicht und deiner neuen Lebensplanung bist du in der Lage, die alten Fesseln des Stresses zu durchtrennen. Sag den Menschen in deiner Umgebung: „Nein, ich habe einen sehr wichtigen privaten Termin." Sprich am Vortag schon bei Abendessen mit deiner Familie darüber, was du für den nächsten Tag geplant hast! Sag ihnen, warum es dir wichtig ist und was auf Dauer passieren wird, wenn deine Familie dir nicht diesen Freiraum gibt! Such dir gute Argumente raus! Wenn Meine Frau von der Arbeit kommt und ich ihr sage: „Elf, ich bin noch mal kurz fünf Stunden laufen", wird dieser Satz zu negativem Stress führen. Wenn ich das aber am Vorabend oder einige Tage vorher mit ihr abstimme, sagt sie vielleicht: „Okay, das ist dir wichtig. Ich treffe mich dann mit meiner Freundin." Das meine ich mit Planung und Kommunikation. Es ist nicht nur auf der Arbeit, sondern auch in deinem privaten Leben so. Du kannst weiterhin in deinem Leben unbewusst entscheiden. Du kannst den Dingen ihren Lauf lassen. Der aktive positive Weg zu Glück, Achtsamkeit und Liebe heißt aber Zeitmanagement. Auch wenn das Wort mit sehr viel Theorie verbunden ist. Wer diese Herausforderung als „die Gelegenheit im Leben" sieht, wird voller Tatendrang an die Arbeit gehen. Vielleicht ist das der erste bewusst erlebte positive Stress, wenn Ergebnisse der Planung in der Nacht fertiggestellt sind. Du hast an dieser Stelle wie immer die Wahl, deinen Weg zu gehen. Du wirst eine Entscheidung in jedem Fall treffen.

*Beobachte dich einen Monat
und schreibe alle Ereignisse in Fünfzehnminutenschritten auf!
Lass diese Erkenntnisse in deine Planung fließen!*

Kapitel 42
Finde den Zugang zur Meditation

Diagnose: „Nicht den Zugang zur Meditation finden"

Ich kenne ganz ehrlich gesagt niemanden in meinem Umfeld, der so wie ich regelmäßig meditiert oder Achtsamkeitsübungen betreibt. Ich habe auch noch keinen kennengelernt, der einen kennt, der meditiert. Das ist eine interessante Erfahrung. Es gibt also noch nicht viele Menschen, die sich auf den Weg zu ihrer inneren Welt gemacht haben. Vielleicht sind die Menschen in meiner Umgebung ja glücklich, achtsam und voller Liebe? Du bist auf jeden Fall auf der Suche nach etwas. Du hast dich entschieden dieses Buch zu lesen. Hast du etwas gespürt, als du die Worte Achtsamkeit, Liebe und Glück gehört hast? Deine Seele hat sofort erkannt, dass diese Worte im Einklang mit ihr stehen. Du bist schon so weit gekommen, bleib jetzt dabei, und arbeite weiter an dem Zugang zu deiner Meditation! Ich bringe mich an dieser Stelle gern wieder selbst ins Spiel. Meine Entwicklung zur wahren Meisterschaft hat viele Jahre gedauert. Ich bin auch in viele Sackgassen geraten. Ich habe mir Meditationsziele gesetzt und wollte bestimmte Zustände erreichen.

Das war und ist aber nicht der Sinn der Meditation. Es geht einzig und allein um das „Sein". Dies sollte dir ganz und gar bewusst sein. Der falsche Ansatz kann ein Grund sein, warum du noch nicht zu dir gefunden hast. Eventuell bist du aber auch viel zu sehr in deinen Gedanken verstreut. Versuch heraus zu finden, woran das liegt! Denk daran, dafür brauchst du dich nur selbst! Wenn du die Herausforderung nicht bestehst dich selbst kennen und lieben zu lernen, wie willst du dann dem Leben begegnen? Ich kann viel spekulieren, warum du noch nicht den Zugang gefunden hast. Finde es selbst heraus und beginne von neuem! Wie gesagt, es geht nicht darum an das Ziel zu kommen, sondern sich in Achtsamkeit auf den Weg zu machen. Ich gebe dir im Rezept einige Anregungen, um erneut in die Meditation einzusteigen.

Rezept: „Wiedereinstieg in die Meditation"

Auch in meinem Leben gab es viele Unterbrechungen meiner Meditationspraxis. Meine Seele wertet aber diese Unterbrechungen nicht und macht mir auch keine Vorwürfe. Auch meine Waldlichtung ist nach mehreren Monaten Meditationspause nicht mit Gras überwuchert. Ich kann sofort wieder einsteigen. Es ist wie eine Heimkehr nach langer Abwesenheit. Es sind die vertrauten Gedankengebäude, die mich wieder voller Achtsamkeit erwarten. Das ist ein großes Geschenk. Meditation gibt mir Sicherheit, ohne dass ich etwas Unerwartetes fühle. Natürlich dauert es einige Wochen, bis ich wieder mit hohem Selbstverständnis meditiere. Wenn deine ersten Versuche fehlgeschlagen sind, entwickle eine neue Meditationspraxis! Wähle einen anderen Meditationssitz oder einen anderen Raum. Auch die Zeit kann bislang noch falsch gewählt sein. Meine Übungen müssen nicht deine sein. Ich habe mir auch viele Bücher durchgelesen und daraus die hier beschriebene Meditation erstellt. Mach es genau so, wenn du mit meinen Meditationen nichts anfangen kannst! Mach dir einen eigenen Plan! Denk aber daran: Nur die dauerhafte Praxis und dein Einsatz werden dich belohnen! Die Meditation sollte auch in deinen Tagesablauf passen. Wähle die Zeiten mit Bedacht! Erst nach einiger Zeit werden sich deine Umgebung und auch dein Körper auf die neue Situation einlassen, und es kehrt auch dann erst Ruhe ein. Wenn alles nichts hilft, mach noch einmal einen Monat nur die Atemübung – dafür aber täglich! Glaub mir, danach wirst du einen großen Schritt zu dir weitergekommen sein! Du solltest dich selbst vor und nach den Übungen immer mit freundlichen und liebevollen Gefühlen selbst begleiten. Wenn ich achtsam in mein Familienleben zurückkehre, fragen mich meine Kinder oft, ob etwas nicht in Ordnung sei. Ich wäre total ruhig und in mich gekehrt. Daraufhin lächle ich und sage, dass es mir sehr gut geht. Meine Aura hat sich völlig verändert. Ich schwebe förmlich durch mein Leben und folge mit ganzem Herzen meinem neuen Weg. Die Seele ist der Indikator für den richtigen Weg. Betrachte dieses Buch als Experiment für dein Leben! Lege einen Zeitabschnitt fest, in dem du ganz und gar dieses Experiment durchführen möchtest! Zieh danach dein eigenes Fazit, ob dies etwas für dich ist! Aus meiner Sicht ist dieser Weg natürlich das Großartigste, was mir bislang im Leben passiert ist. Die Achtsamkeit ist meine Basis für alles geworden. Ich finde jeden Tag zurück zu mir selbst.

Erneut einen Monat jeden Tag dreißig Minuten Achtsamkeitsatmung!

Kapitel 43
Den Auslöser finden

Diagnose: „Burn-out"

Der Begriff Burn-out wird in den letzten Jahren immer häufiger benutzt. Es steht fest, dass es immer mehr Burnout-Patienten in unseren Kliniken in Europa gibt. Es steht auch fest, dass sich immer mehr Menschen auf den Weg zum Burnout gemacht haben. Wenn du auch zu diesen Menschen gehörst, die sich auf diesen Weg begeben haben, hoffe ich sehr, dir helfen zu können. Vielleicht bist du aber auch schon ein Schritt weiter und liegst mit Burnout-Symptomen im Bett. Burnout ist eine totale Erschöpfung, die in vielen Fällen mit der Arbeit zusammenhängt. Aber auch die gewissenhafte Hausfrau kann in den Burnout schlittern. Auch hier geht es darum, wie du selbst die Belastung empfindest und wie du darauf reagierst. Ein Kollege von mir hatte einmal einen Burnout und ist für knapp ein Jahr ausgefallen. Er kam nach der Reha mit einer Wiedereingliederung zurück. Aus meiner Sicht hatte der Kollege einen ruhigen Job ohne viel Verantwortung. Warum dann der Burnout? So lange du in allen vier Lebensbereichen gleich viel Energie investierst und ausgeglichen mit Muße durch dein Leben gehst, wirst du keine Berührung mit diesem Thema bekommen. Es beginnt immer mit einer starken Überdehnung eines Lebensbereiches. In den meisten Fällen mit der Arbeit. Dies geht auch für eine gewisse Zeit gut und ist für die Betroffenen in Ordnung. Wenn es aber über Jahre so weiter geht, gibt der Körper irgendwann Signale, dass die Grenze überschritten ist. Diese können sich durch Kopfschmerzen, Tinnitus, Bluthochdruck etc. äußern. Wenn solche Symptome auftreten, solltest du immer in dich hineinhören und einmal genau schauen, was da eigentlich mit dir los ist. Es bedarf keiner Medikamente und auch keines Arztbesuches, diese Diagnose zu stellen. Schaue einfach auf deine Lebensbereiche. Nur durch die Einsicht und die Änderung der Abläufe kannst du einen anderen Weg einschlagen. Die Signale deines Körpers werden dich klar erreichen. Wenn du aber weitermachst und die Signale ignorierst, wird dein Körper irgendwann zusammenbrechen. Er wird etwas tun, was das Weitermachen unmöglich macht. Der Körper reagiert so wie ein Computer, der von einem Virus befallen ist. Du merkst, dass einige Programme nicht richtig laufen und versuchst gegenzusteuern. Wenn alles nichts mehr hilft, formatierst du die Festplatte. Ähnliches versucht dein Körper. Er lässt vor lauter Verzweiflung dein Herz aussetzen. Das passiert allerdings nur, wenn du den Kontakt zu deinem Körper verloren hast. Egal, ob du nur ein erstes Signal von deinem Körper bekommen hast oder schon die kompletten Konsequenzen deines Körpers erfahren hast, die Sucht nach der Arbeit ist genauso stark, wie die Sucht nach Zigaretten oder Alkohol. Nur mit einem Unterschied: Beim Rauchen oder Trinken ist es einfacher damit wieder aufzuhören. Damit kannst du aufhören. Mit der Arbeit ist es wesentlich schwieriger. Du brauchst Arbeit, die entlohnt wird zum Überleben. Du kannst die Arbeit nicht einfach ganz seinlassen. Somit musst du dir immer einen „kleinen Schuss" Arbeit setzen. Du machst einen Teilentzug. Damit dies gelingt, ist es nötig, die innere Einstellung zu ändern. Wenn du nur weniger arbeitest und meinst, damit aus dem Hamsterrad des Burnouts rauszukommen, kann ich dir nur sagen, dass dieses Vorhaben kläglich scheitern wird.

Rezept: „Den Auslöser finden"

Um Burnout zu verstehen, ist es sehr schwer nur aus dem eigenen Wissen auf Lösungen zu kommen. Du musst die Mechanismen des eigenen Denkens erkennen. Das geht nur durch neue Erkenntnisse und andere Sichtweisen. Das Wissen und ein Erfahrungsaustausch mit Anderen sind erforderlich, um diese neuen Denkweisen zu erlangen. Mit Anderen meine ich Ratgeber in Lebensfragen, Gespräche mit Menschen in deiner Umgebung oder auch eine professionelle Beratung. Mit deinem jetzigen Wissen bist du erst in diese Situation gekommen, und ohne neue Denkweisen wirst du an dieser Stelle stehenbleiben. Du brauchst neuen Input. Lass dich bei der Suche nach Hilfe inspirieren! Geh in die Buchhandlung und schau mal in das Lebenshilfe-Regal! Such persönlichen Kontakt bei den Menschen in deiner Umgebung! Vielleicht gibt es dort jemanden, der für dein Thema ein guter Ansprechpartner ist. Du wirst dich wundern und bereits dir bekannte Menschen von einer völlig anderen Seite kennenlernen. Ich möchte aber nun auf das Rezept zurückkommen und dich auf Die Suche nach dem Auslöser schicken. Finde heraus, was dich antreibt! Es gibt immer einen Grund für dein eigenes unausgeglichenes Treiben. Läufst du vor etwas weg? Hast du die Angst noch nicht gefunden? Gibt es etwas in deiner Kindheit? Der Auslöser für den zu hohen Einsatz in einem Lebensbereich ist meist etwas versteckt und scheint im ersten Moment nicht im Zusammenhang mit dem aktuellen Problem zu stehen. Wenn du selbst nicht darauf kommst, such dir einen guten Psychologen! Geh mit dem Ziel zum Psychologen, dass du herausfinden möchtest, woher dieses Missverhältnis kommt! Wenn du das herausgefunden hast, kannst du dort ansetzen. Lass dir vom Psychologen Tipps geben. Denk aber immer daran: Der Psychologe kann dir die Arbeit mit dir selbst nicht abnehmen! Es ist schwer mit dieser Arbeit zu beginnen, da wir visuell nicht unseren Erfolg messen können. Wenn du Übergewicht hast und nach Monaten des Sports dein Idealgewicht hast, dann kannst du dies sehen. Wenn du aber über Monate mit dir selbst nur in Gedanken arbeitest, fehlt der visuelle Erfolg. Darum mach zwischendurch Pausen und belohne dich selbst für einen erfolgreichen Abschnitt des Lernens! Wenn du den Auslöser ausfindig gemacht hast, kannst du mit der Arbeit beginnen. Es ist genauso wie im Kapitel 40 – *Loslassen* beschrieben. Du musst die innere geistige Blockade lösen und loslassen. Finde die Liebe in der Blockade! Begegne dem Kapitel der Auslösung mit Liebe und Achtsamkeit! Fall nicht wieder in das Gefühl von Hass und Ablehnung! Das wird dir nicht dienlich sein. Wenn du es dann tatsächlich geschafft hast, die Blockade zu lösen, geht es im zweiten Schritt darum, zurück zur aktuellen Aufgabe zu kommen. Zunächst einmal musst du deinen Lebensplan wie im Kapitel 3 –*Ein interessantes ausgeglichenes Leben* wieder neu gestalten und dich daran ausrichten. Arbeite in den Monaten nach der Lösung von Blockaden weiter liebevoll an der Verarbeitung der in der Vergangenheit liegenden Situation. Parallel halte dich an den Lebensplan! Dein Körper und dein Kopf werden versuchen, noch eine ganze Zeit gegenzusteuern. Sie müssen erst erkennen, dass du jetzt auf dem richtigen Weg bist. Das wird dir eventuell etwas widersprüchlich vorkommen.

Bleib aber bei deinem Plan und du wirst spüren, dass nach einigen Wochen die Dinge in den Flow kommen.

Finde den Auslöser in deiner Vergangenheit!

Kapitel 44
Einen Tag relaxen

Diagnose: „Immer unter dem Diktat des Alltags stehen"

Wenn das Jahr zu Ende geht, wird vielen meiner Freunde bewusst, dass dieses Jahr sehr schnell vergangen ist. Es ist noch schneller vergangen als das letzte Jahr. Dann werden Argumente wie Stress und dieser hektische Alltag angeführt. Wie ist es bei dir? Vergehen die Jahre seit deiner Kindheit auch immer schneller? Was hat dein Leben in der Kindheit bestimmt und was hat jetzt dazu beigetragen, dass die Zeit nur so verfliegt? Ich habe das gleiche Gefühl gehabt: Die Zeit hat in meiner Kindheit immer länger gedauert, als die Zeit, in der ich erwachsen wurde. Das hat mich nachdenklich gestimmt, und ich bin der Sache auf den Grund gegangen. Ich bin bereits im Kapitel 7 – *Das Leben geht an mir vorbei* auf dieses Thema eingegangen. Auf den Punkt gebracht verbringst du im Alter mehr Zeit mit den Gedanken an die Vergangenheit und erlebst nicht mehr so intensive, gefühlvolle Erlebnisse wie in der Kindheit. Die Gründe sollten in diesem Kapitel bekannt sein. Was ist also zu tun, um dem Diktat des Alltags und der Zeitschrumpfung entgegenzuwirken?

Rezept: „Einen Tag lang relaxen"

Es ist ganz einfach. Begib dich gedanklich in deine Kindheit und schau, was dich dort bewegt hat! Schau ganz genau hin! Hör erst auf, wenn du mindestens hundert Ereignisse aus deiner Kindheit zusammen hast! Dann überlege zu jedem einzelnen Punkt mit dem heutigen Wissen und der heutigen Einstellung, wie dieser Gedanke heute aussehen würde! Mach einen schönen aktuellen Satz aus jedem Gedanken! Als nächstes baue diese hundert schönen Sätze in das nächste Jahr ein! Somit hast du einen riesigen Ideenschatz und Anregungen für das ganze Jahr. Du wirst am Ende des nächsten Jahres feststellen, dass dieses Jahr das längste Jahr deines Lebens war.

Du kannst aber auch noch mehr tun. Wenn du dein Leben – wie oben beschrieben – mit vielen Anregungen auf eine neue Ebene hebst, habe ich aber wie immer noch eine eigene Idee, wie du dem Diktat des Alltags entfliehen kannst. Insbesondere, wenn du mit allen meinen bisherigen Tipps beim ersten oder zweiten Anlauf gescheitert bist. Ich tue etwas, wobei mich viele fragen, wie ich es einen ganzen Tag lang machen kann. Einmal im Monat fahre ich mit meiner Frau in die Therme. Es handelt sich nicht um eine Sport-Therme oder eine kleine Sauna. Nein, wir fahren in eine sehr große Therme, wo der Name schon Entspannung pur ist. Schon beim Aufstehen am Morgen vor der Abreise bin ich völlig entspannt. Ich freue mich wie ein kleines Kind auf den ganzen Ablauf. Zunächst frühstücken wir gemeinsam zuhause oder gehen auswärts *brunchen*. Nach diesem ruhigen entspannten Frühstück fahren wir in die Therme. Die Fahrt dauert etwa eine Stunde, wo wir uns über die Themen der vergangen Wochen ausführlich unterhalten können. Auf dieser Strecke machen wir immer noch einmal Halt, um eine Pause in unserem Lieblingscafé zu machen. Danach geht es in die Therme, wo wir den Rest des Tages bis kurz vor Mitternacht verbringen. In der Therme gehen wir mehrmals in die Sauna, meditieren, lesen, essen, schlafen, lassen uns massieren, reden und schmieden verrückte Pläne für die nächsten Wochen. Nach ca. zehn Stunden habe ich das Zeitgefühl völlig verloren und habe einen Zustand der tiefen Entspannung erreicht. Auf der Rückfahrt machen wir erneut eine Pause in unserem Lieblingscafé. Am Folgetag schlafen wir die meiste Zeit und kommen erst langsam wieder zu uns.

Kommen dir an dieser Stelle Einwände wie:

> Ich habe aber Kinder, damit kann ich das nicht vereinbaren!
>
> Ich habe nicht so viel Geld, um mir das leisten zu können!
>
> Ich habe nicht das ganze Wochenende Zeit für einen solchen Ausflug!
>
> und so weiter ...

Es stellt sich immer die Frage, was du wirklich willst. Ich habe zwei Kinder und mein Geld ist hart verdient. Auch mein Terminkalender hat viele für mich wichtige Dinge parat. Es ist aber einfach gesagt eine Frage des Wollens und der Wichtigkeit. Wenn du dir wirklich wichtig bist, dann solltest du einen Relax-Tag einmal im Monat einbauen. Schieb alle Termine und alle wichtigen Dinge an diesem Tag beiseite! Das geht relativ einfach und macht sogar Spaß. Alle Dinge, die sonst an diesen Tag anfallen, planst du einfach die Wochen und Tage davor ein. Wenn dies nicht möglich ist, dann eben später. Du wirst merken wie schön es ist, ohne Aufgaben auf ein leeres Terminkalenderblatt zu schauen und in einen Urlaubstag mitten im Monat aufzubrechen. Für mich sind diese Tage wichtiger und schöner geworden als der eigentliche Urlaub einmal im Jahr. Ich kann viele Gedanken an diesem Tag verarbeiten. Ich kann meine Frau zu vielen Punkten ansprechen. Es sorgt dafür, dass mein Geist sich neu sortiert. Ich gewinne Abstand zu den Dingen. Nach so einem Tag habe ich wieder viel Kraft und bin vollkommen entspannt.

Sag dir nicht, warum es nicht geht, sondern setze diesen Relax-Tag auch bei dir um! Du wirst schnell merken, dass es Bekannte und Freunde gibt, die deine Kinder gern für einen Tag nehmen würden. Vielleicht besorgst du sogar einen Babysitter. Investiere etwas in dein Leben! Schau in deine Finanzen, wo du etwas einsparen kannst, um dir diesen Tag im Monat zu ermöglichen! Wie viel ist es dir wirklich wert? Plane gewissenhaft die Tage und Wochen vor dem Relax-Tag! Male zum Beispiel am Relax-Tag einen großen Smiley in deinen Terminkalender! Probiere es einfach aus! Nach drei Monaten und drei Relax-Tagen wirst auch du dieses Ritual beibehalten.

Finde deinen Relax-Tag und nutze diesen für deine Hundert Gedanken an deine Kindheit!

Kapitel 45
Auf Stress reagieren

Diagnose: „Stresssituation wählen"

An jedem Tag in deinem Leben gibt es viele Situationen, die auf dich zukommen. Wie bei jeder Situation hast du die Wahl, dich für eine Reaktion zu entscheiden. Ich gehe in dieser Diagnose einmal davon aus, dass du dich in vielen Fällen für eine Antwort oder eine Reaktion entscheidest, die für dich stressig oder auch belastend ist. Du tust dies, weil du unbewusst reagierst. Dein Geist zieht die Erfahrungen der Vergangenheit heran und reagiert automatisch so, wie du es gelernt oder dir selbst beigebracht hast. Durch solche dauerhaften Stresssituationen kann es in der Folge zu Verspannungen, Herzproblemen, Magenschmerzen und vielen anderen Symptomen kommen. Es ist wie schon so oft in diesem Buch beschrieben der Fall, dass du dich für verschiedene Wege entscheiden kannst. Entweder für den bislang unbewussten Weg, der auf die Angewohnheiten der Vergangenheit beruhen oder deinen antrainierten Verhaltensweisen. Im Rezept stelle ich dir meinen Weg vor, der mit Achtsamkeit zu tun hat. Es wird dir auch in Zukunft trotz aller Übung nicht immer gelingen, achtsam und wie im folgenden Rezept beschrieben zu reagieren. Das ist aber nicht schlimm. Betrachte einen Rückfall in alte Gewohnheiten als Weckruf weiter an dir zu arbeiten. Es ist positiv und sollte dich zum Lächeln bringen, wenn du dich in einer Stresssituation wiederfindest und dabei feststellst, dass du doch eigentlich anders reagieren wolltest.

Viele Menschen haben die verschiedensten Krankheiten wie Krebs oder Migräne. Wie soll es auch anders sein, wenn dein ganzes Leben mit Liebesentzug, Hass und Stress belastet ist. Was soll dein Körper auch anderes tun, als darauf zu reagieren? Wenn du rauchst, ist das Krebsrisiko ziemlich hoch. Wenn du bei jeder Stresssituation Magenschmerzen bekommst, bekommst du vielleicht ein Magengeschwür. Wenn du noch gesund bist, ist dies der beste Moment mit einem achtsamen Leben zu beginnen. Die meisten Menschen fangen erst an, wenn sie krank sind und die Schmerzen nicht mehr auszuhalten sind. Egal in welcher Situation du dich gerade befindest. Ich habe wie immer das passende Rezept für dich parat. In dem folgenden Rezept werde ich dir die alternative Reaktion auf eine Stresssituation noch einmal näherbringen. Es bedarf der Übung in Zukunft so zu reagieren. Dein Geist und dein Körper werden es dir danken. Deine Seele wird dich dabei begleiten.

Rezept: „Achtsame Reaktion auf die Stresssituation"

Der erste Schritt besteht darin, die Situation, die Stress beinhaltet, als solche zu identifizieren und vor deiner automatischen Reaktion achtsam zu denken. Das ist nicht ganz so einfach. Dein Gehirn findet binnen weniger

Zehntelsekunden deine automatische Reaktion. Versuch an jedem Tag deines Lebens achtsam und einzeln an die Dinge heranzutreten! Schmiere deine Brötchen beim Frühstück achtsam, gehe achtsam in das erste Gespräch des Tages! Nimm dir am Tag mindestens zweimal Zeit zu meditieren und dich daran zu erinnern, dass es wichtig für dich ist, achtsam an diesem Tag in der kommenden Situation zu sein! Bleib ganz bei dir und in der Situation wo du bist! Mach nicht zwei Dinge auf einmal oder beschäftige dich nicht gedanklich schon mit dem nächsten Thema! Bleib in der Situation, in der du bist mit allen Sinnen dabei! Nur so ist es für dich möglich, die Stresssituationen auch wirklich zu erkennen und dieses Mal anders als sonst zu reagieren. Ich habe in meinem Umfeld einige Ansprechpartner, die sehr aufbrausend sind. Vor Gesprächen mit diesen Personen bereite ich mich ganz speziell vor. Ich mache mir einen Gesprächsverlaufszettel. Auf diesem Zettel mache ich mir Notizen, wie ich auf bestimmte Fragen, die ich schon im Vorfeld erwarte, reagieren möchte. Dies schreibe ich auf. Auch, dass ich zum Beispiel vor jeder Antwort einmal tief durchatmen werde und mir bei der Antwort viel Zeit lasse. Auch wenn ich zu bestimmten Themen nichts sagen möchte, notiere ich mir eine freundliche aber bestimmte Verneinung, wenn dieses Thema kommt. Ich nehme mir vor, nach zehn Minuten das Gespräch zu verlassen, um auf die Toilette zu gehen. Dort kann ich dann prüfen, ob ich im Gesprächsverlauf meiner Vorgabe gefolgt bin oder ob ich etwas ändern muss. Wenn du wirklich dein Leben ändern willst und in Achtsamkeit leben willst, bedarf es gewisser Anstrengungen. Mach dir vor jedem wichtigen Gespräch, was Stress hervorrufen kann, folgende Notizen:

- Wie will ich mich grundsätzlich verhalten (ruhig, defensiv)?
- Was ist das Ziel des Gesprächs und wie kann ich es erreichen?
- Pause einbauen, um zu kontrollieren ob du noch auf dem richtigen Weg bist!

- Fragen und Antworten schriftlich vorbereiten.
- Was will ich auf keinen Fall tun?
- Was will ich auf jeden Fall tun?

Mit solchen oder ähnlichen Hilfssätzen kannst du ein Gespräch vorbereiten und vor allen Dingen achtsam lenken. Du wirst merken, dass du das Gefühl bekommst, schon einmal dieses Gespräch geführt zu haben. Du warst schon vorher an diesem Ort und hast den Weg zu deinem Ziel geebnet. Du wirst ein ganz anderes Bewusstsein in dieser Situation haben. Und genau das ist Achtsamkeit. Du wirst bei bestimmten Fragen innerlich schon beim Anfang des Satzes deines Gesprächspartners lachen. Du kennst nicht nur seine Frage, sondern auch schon deine Antwort dazu. Du wirst so auf jeden Fall dein Ziel in diesem Gespräch erreichen. Und kommt doch einmal eine Frage, mit der du nicht gerechnet hast, lass dich nicht in die Enge treiben! Antworte, dass du dich mit der Frage erst einmal auseinandersetzen musst und später antworten wirst! Erst wenn du es schaffst, für dich neue Entscheidungen zu treffen, wirst du die Achtsamkeit spüren. Dein Gesprächspartner wird verunsichert, weil er mit deiner alten Reaktion rechnet. Dadurch wirst du merken, dass du auf dem richtigen Weg der Achtsamkeit bist. Sei gelassen und antworte nicht sofort. Du wirst gelassener und ruhiger, wenn du nicht mehr impulsiv auf deinen Gesprächspartner reagierst, sondern achtsam deine Reaktion auf die Frage wählst. Du weißt, dass du dich entscheiden kannst, wie du antwortest und wie du dich bei der Antwort fühlst. Du benötigst schon bald nur noch wenige Zehntelsekunden, um diesen gesamten Prozess zu durchschreiten. Der erste Gedanke ist: Ich entscheide mich neu für einen achtsamen und gesunden Weg. Auch wenn dies im ersten Moment ungewöhnlich ist und der Gesprächspartner mit Unverständnis reagiert. Du weißt, dass es der richtige neue Weg ist. Jetzt hast du den ersten Schritt getan und dir ist bewusst, dass du eine Entscheidung treffen kannst. Lass diesen

Weg zu deinem neuen verlässlichen Verbündeten werden! Werde langsamer und lass dir Zeit! Dies wird vielleicht die mutigste Änderung in deinem Leben werden. Du wirst dafür aber mit Gesundheit und einem langen Leben belohnt. Bleib in deiner Mitte und arbeite hart an dem Thema „Automatische Reaktion"! Lass dich nicht entmutigen, wenn du täglich immer mal wieder in alte Muster zurückfällst! Sieh es als gutes Zeichen, dass es dir überhaupt auffällt. Das ist der erste Schritt. Finde heraus, wie es möglich ist, früher in den Prozess einzuschreiten. Vielleicht ist die schriftliche Gesprächsvorbereitung wie oben beschrieben ein Weg für dich oder vielleicht hast du schon eine Entscheidung getroffen, wie du das Thema in Zukunft angehen willst. Eins steht fest, du hast dich bereits für einen Weg entschieden. Und es ist der richtige Weg!

Bereite ein Stressgespräch ausführlich unter dem Aspekt der Achtsamkeit vor!

Kapitel 46
Beziehungen eingehen

Diagnose: „Keine Freunde haben"

Du wirst das vielleicht schon selbst erlebt haben. Du bist allein zuhause und grübelst über ein Thema, das dich beschäftigt. Auch nach mehreren Wochen kommst du keinen Schritt weiter. Dann triffst du einen Freund oder eine Freundin und berichtest über das Problem. Dieser Freund oder diese Freundin geben dir dann einen kleinen Tipp oder haben eine Idee, das Thema anders anzugehen. Schon hast du einen neuen Ansatz gefunden. Wenn du weiterhin allein an deinem Problem herumgedoktert hättest, wärst du vielleicht nie auf eine gute Lösung gekommen. Unterscheide in Premiumzeit nur für dich. In dieser Zeit geht es darum, dich selbst kennenzulernen und deine Seele zu finden. Es geht in dieser Zeit um Achtsamkeit und Selbstfindung. Und in die Premiumzeit mit Freunden. Ohne diese wertvolle Zeit mit deinen Freunden, wirst du dir selbst einen großen Kanal in die Freiheit und deine Weiterentwicklung nehmen. Ohne Impulse von deinen Freunden, wirst du nichts Neues erfahren. In deiner Familie kannst du nichts Neues erzählen oder einbringen, wenn du immer nur die Impulse deiner Arbeit oder von dir selbst einbringst. Bring frischen Wind in dein Leben und mach dich auf, neue Freunde zu finden! Ich habe das auch gemacht, um den Weg des einsamen Wolfes zu bereichern.

Rezept: „Beziehungen zu Freunden eingehen"

Ich habe vor vielen Jahren ein Buch gelesen und bin an einem Satz hängen geblieben. Dort stand sinngemäß: „Wie viele Freunde hast du in deinem Leben und wie viele Menschen hast du diese Woche kennen gelernt?" Ich brauchte nicht lange überlegen, um diese Frage zu beantworten. Nur geschäftliche Kontakte hatte ich in der letzten Zeit geknüpft. Private Beziehungen hatte ich nur mit meiner eigenen Familie. Freunde hatte ich nach der Schulzeit aus den Augen verloren. Die Interessen hatten sich geändert. Somit sind nach und nach ganz unbewusst die Kontakte zu alten Freunden eingeschlafen. Ich machte mich also an die Arbeit, dieses Thema neu aufleben zu lassen. Zunächst einmal habe ich Kontakt zu meinen alten Schulfreunden aufgenommen. Leider waren die Gespräche und die Kontakte sehr ernüchternd und ich stellte den Kontakt schnell wieder ein. Als nächstes habe ich mich an den Computer gesetzt und dort nach Kontakten gesucht. Im Internet bin ich tatsächlich fündig geworden. Ich habe dort andere Paare gefunden, die genau die gleiche Idee hatten wie ich. Noch heute haben wir zu zwei Paaren einen engen Kontakt und wir treffen uns regelmäßig, um etwas zu unternehmen. Das reichte mir aber nicht. Durch einen Zufall wurde ich gebeten, jemandem bei einem delikaten Führerscheinproblem zu helfen. Nachdem die Hilfe ein voller Erfolg war, habe ich mich selbst als Dankeschön zum Essen eingeladen. Nur wenn du bereit bist, etwas zu investieren und mutig auf die Menschen zugehst, wirst du neue Freunde finden. Mit einem aktiven Beziehungsmanagement kommst du weiter. Wie bereits im Kapitel 3 – *Ein interessantes ausgeglichenes Leben* beschrieben, habe ich inzwischen wieder einen großen Freundeskreis und fast jedes Wochenende stehen gemeinsame Aktivitäten an. Dies wirkt sich positiv auf mein Leben aus. Nicht nur viele neue Erfahrungen habe ich gesammelt, sondern auch eine weitere Säule in meinem Leben geschaffen. Bist du vielleicht auch ein einsamer Wolf und gehst deinen Weg allein? Das kannst du gern tun, erweitere aber dein Leben um Beziehungen zu wahren Freunden. Du wirst sehen, wie gut dir das tut.

Ich empfehle dir, fünf Freundschaften zu pflegen, die du regelmäßig triffst.

Kapitel 47
Atmen

Diagnose: „Rastlosigkeit empfinden"

Es geht in diesem Kapitel um die Atmung oder besser gesagt um den Atem. Wenn du rastlos durch dein Leben hetzt, wirst du deine Atmung nicht spüren. Du wirst weder innehalten noch deinen Atem spüren können. Der Atem begleitet dich immer an jeden Tag deines Lebens. Deine Rastlosigkeit kann aber dafür sorgen, dass dir diese wunderbare Begegnung mit deinem Atem verwehrt bleibt. Kurzatmigkeit ist der Begleiter von Stress und Rastlosigkeit. Nur wenn du dich in die Lage versetzt, diese Situationen zu erkennen und bewusst gegenzusteuern, wirst du einen ausgeglichenen Weg finden. Diese Rastlosigkeit und stressigen Situationen sind Auslöser zahlreicher Krankheiten, die ich bereits in vielen Kapiteln beschrieben habe. Mach dich also auf den Weg, etwas über deine Atmung herauszufinden und ihr achtsam zu begegnen! Lass der Rastlosigkeit einfach keinen Raum, in dem du ruhig atmest! Du brauchst nicht einmal deine Gedanken zu beeinflussen. Das ruhige Atmen wird seinen Teil dazu beitragen, dir Achtsamkeit zu bringen.

Rezept: „Atme"

In meinen unzähligen Jahren der Meditation habe ich intensiv Atemübungen ausprobiert. Entscheidend war und ist, dass die Atmung ruhig ist. Insbesondere die Bauchatmung sorgt bei mir an jedem Tag für Entspannung. Bei jeder Meditation konzentriere ich mich auch immer auf die Atmung und entspanne dadurch meinen gesamten Körper. Die Atmung ist ein gutes Mittel, nicht nur in der Meditation, sondern sorgt in jeder Lebenssituation für Ruhe und Entspannung. Sobald du aus der Balance geraten bist, kannst du mit der Atmung gegensteuern und wieder zur Ruhe kommen. Mit etwas Übung wird die Atmung zu einer starken Waffe gegen Stress und Rastlosigkeit. Übe dich in dieser meisterhaften Disziplin! Beginn in der Meditation, Erfahrungen mit der Atmung zu sammeln! Beginn mit der Bauchatmung und lerne alle deine Muskeln zu entspannen! Die Atmung ist nicht nur eine gute Einleitung zu einer tiefen Entspannung, sondern auch eine gute Möglichkeit, um in einer Meditation immer tiefer zu entspannen. Atme ruhig und tief ein, mach eine Pause und atme durch den Mund wieder aus! Wichtig ist die Atmung bei der Meditation immer über die Bauchatmung zu steuern. Wenn ich meine Aufmerksamkeit bei der Meditation auf die Atmung lenke, beginnt der Prozess der Entspannung. Die Atmung ist die Einleitung zur Meditation und zur Achtsamkeit. Willst du im Alltag etwas für deine Achtsamkeit tun, atme bewusst ein und aus. Diese Technik wird dich in die Gegenwart katapultieren, und du wirst dich lebendig fühlen. Es bedarf einiger Übung, um die richtige Atmung in der Meditation zu erlangen. Aber wenn du erst einmal deine Lebensatmung gefunden hast, wird dir diese auch im Alltag extrem helfen, dich zu entspannen und ein achtsames Leben zu führen. Die Atmung ist die Grundlage für alles, was mit Achtsamkeit und Meditation zu tun hat. Behandle die Atmung als Möglichkeit ganz bei dir zu sein! Begegne deiner Atmung mit Hochachtung und liebevoller Hingabe! Du machst vielleicht viele Dinge in deinem Leben gleichzeitig und fragst, warum du so etwas, wie das Atmen – was sowieso automatisch funktioniert – noch bewusst machst? Das kann ich dir genau sagen: Bewusstes Atmen ist die Rückkehr zu dir selbst. Es ist das Erinnern an deinen Ursprung. Es ist die Möglichkeit wieder in Kontakt zu dir zu treten. Die Atmung gibt dir die Möglichkeit, dich zu zentrieren, die umherschweifenden Gedanken wieder bei dir zu sammeln und in dich zu gehen. Betrachte den Atem nicht als notwendiges Übel. Es ist viel mehr. Es ist die Bewegung deines Lebens und die Grundlage für alles, was du bist. Achte die Atmung und du wirst ein Wunder erleben. Ich praktiziere täglich mindestens zwei Meditationen, und jede Meditation beginnt mit der bewussten Atmung und der Zentrierung in meiner Mitte. Du wirst das Wunder erleben, wenn du dir die Möglichkeit dazu gibst. Du bist durch die Atmung mit allen Menschen und allen Tieren dieser Welt verbunden. Alle haben dies gemeinsam. Diese Gemeinsamkeit ist ein Bindeglied zwischen allen Lebewesen ohne jegliche Art der Kommunikation. Es ist eine ursprüngliche Bewegung. Achtsamkeitsarbeit ist sehr einfach und kann doch so tiefgründig sein. Übe dich in Bescheidenheit und überdenke deine Erwartungen! Ich bin sehr glücklich, dass ich atmen kann. Erfreue dich über die ursprünglichen Dinge in deinem Leben und du erlangst großen Reichtum und Weisheit. Bleib gemeinsam mit mir auf diesem Weg!

Atme achtsam ein Leben lang!

Kapitel 48
Ein Moment ist mehr als ein Leben

Diagnose: „Sich im automatischen Funktionsmodus befinden"

Du stehst auf, gehst ins Bad, danach in die Küche. Dein Tag beginnt und endet. Am Abend bist du sogar zu müde, um über den Tag nachzudenken. Den Spruch: „Pflücke den Tag" hast du vielleicht schon mal gehört, kannst dir aber nichts darunter vorstellen? Du bist im automatischen Funktionsmodus. Das Leben läuft und du merkst, wie es zwischen deinen Fingern zerrinnt. An anderer Stelle habe ich dieses Thema schon einmal beleuchtet. Ich will in diesem Kapitel, insbesondere im Rezept, aber noch einmal ausführlich auf den Begriff der Achtsamkeit eingehen, da dies von enormer Bedeutung ist. Es ist nicht wichtig, wie viele Jahre du auf diesem Planten verbringst. Es ist wichtig, wie sehr du in deinen Jahren lebst. Es genügt aus meiner Sicht ein Augenblick in absoluter Achtsamkeit, um diesen Satz nachvollziehen zu können. Wenn du nie achtsam mit dir umgehst, wird dir das Leben immer schneller vorkommen. Die Jahre werden schneller verfliegen und du stellst dir immer wieder die Frage: „Wie kann ich das aufhalten?" Die Antwort ist denkbar einfach und doch für viele Menschen nicht greifbar. Folge mir aus dem Automatismus hin zur Achtsamkeit. Es bedarf einiges an Arbeit und vor allen Dingen dem Glauben an die Achtsamkeit um diesen Weg zu gehen. Du hast an dieser Stelle – wie in jedem Kapitel – die Wahl, den einen oder den anderen Weg zu gehen. Bleib dir selbst treu und gehe den Weg, den du jetzt für richtig hältst! Achtsamkeit ist nicht nur ein Wort, sondern das Gegenteil vom automatischen, unbewussten Handeln. Atme vor jeder Antwort einmal tief durch und lass dir Zeit! Sag nicht: „Ich mache schnell mal Pause", sondern wähle deine Worte mit Bedacht! Alles, was schnell und hektisch ist, ist meist auch gefühlsmäßig so, wenn du es ausführst. Also mach eine ruhige Pause! Du hast dir diese Pause verdient. Sie steht dir zu. Wenn du deine Pause mit Hast und Eile verbringst, beschleunigst du. Deine Zeit auf diesem Planeten verkürzt sich dadurch drastisch. Hektik und Automatismus sind Dinge, die deine Uhr schneller drehen lassen. Wir haben alle vierundzwanzig Stunden pro Tag. Ich lebe diese vierundzwanzig Stunden jeden Tag als Geschenk und ich pflücke den Tag. Was machst du mit jedem einzelnen Tag deines Lebens? Bislang hast du dich vielleicht für Automatismus entschieden. Du kannst dich aber in dieser Sekunde für Flow und für Achtsamkeit entscheiden. In dem Rezept werde ich ausführlich auf das Thema Achtsamkeit eingehen. Nimm dir viel Zeit beim Lesen und mach dir Notizen dazu! Auf diese Weise kannst du viel von der Achtsamkeit mitnehmen und schon einen ersten Schritt zum Erlernen der Achtsamkeit machen. Du kannst in jeder Situation dem Automatismus entgegenwirken, indem du tief durchatmest und dich auf eine Sache konzentrierst. Die Sache, die du dir gerade vorgenommen hast. Mach diese Sache voll und ganz – nichts anderes. In der Vergangenheit bist du vielen Situationen vielleicht so begegnet, wie du es immer getan hast. Dein Gehirn hat einfach reagiert. So wie du es immer getan hast. Entscheide dich neu! Gib dem Automatismus keine Chance! Entscheide neu, entscheide dich für einen neuen Weg voller Achtsamkeit! Beginn mit der bewussten Atmung und du wirst sehen, deine Gedanken nehmen eine andere Bahn! Heute wirst du dich neu entscheiden.

Rezept: „Ein Moment ist mehr als ein Leben"

Ich habe einmal gesagt, wenn ich einen unendlichen Moment in Achtsamkeit verbringe, ist dies mehr wert als mein ganzes Leben. Ich wollte mit diesem Satz zum Ausdruck bringen, dass tiefe Achtsamkeit ein ewiger Moment ist. Ich erinnere mich jeden Morgen selbst daran, den Tag in Achtsamkeit zu verbringen. Ich nehme mir auch am Tag immer einmal wieder eine Auszeit, um mich an die Achtsamkeit zu erinnern. Nur das tägliche Arbeiten an der Achtsamkeit ermöglicht es mir, immer bewusster in meinem Leben zu sein. Es geht beim Prozess der Achtsamkeit nicht nur darum, seine Gedanken immer wieder zur gegenwärtigen Situation zurückzuführen. Es geht vor allem darum, die jetzige Situation mit allen Sinnen zu erleben. Es geht darum, zu denken, zu fühlen, zu schmecken, zu sehen, zu hören und zu riechen, was in der gegenwärtigen Situation passiert. Nur wer mit allen Sinnen in der Gegenwart ist, wird wahre Achtsamkeit erfahren. Wenn dir alle Gefühle in der Situation bewusst werden, erfährst du ein Wunder. Du wirst merken, wie die Zeit stehenzubleiben scheint. Der Augenblick fängt an, sich unendlich zu dehnen. Alle deine Sinne sind auf Empfang. Du bekommst alles in der Situation erfasst. Du bist achtsam bei der Sache. Mit Worten ist diese Situation schwer zu beschreiben. Erst wenn du selbst in der Lage bist, diesen ursprünglichen

Zustand einzunehmen, wirst du begreifen, was ich meine. Zeit verliert seine Bedeutung. Du versuchst nicht mehr verzweifelt die Stunden so zu sehen, dass du die Zeit genießen kannst. Die Zeit verliert einfach ihre komplette Bedeutung. Das ist Achtsamkeit. Es ist die Erfüllung in der Situation, in der du bist. Darum ist das Paradies auch hier auf der Erde. Wenn du in Achtsamkeit dein Leben so lebst, wie du es von Herzen gehen willst, hast du das Ziel erreicht. Es ist genau dieser achtsame Weg an diesem Tag, der das Paradies ist. Es ist der Moment der Achtsamkeit in der Achtsamkeit der alle Zeit und alle Gefühle beinhaltet. Darum ist dieser bewusste Moment mehr als ein ganzes Leben. Es ist mehr als alle Wege und alle Ideen, die du jemals hattest. Arbeite hart an der Achtsamkeit und du wirst ein Wunder auf Erden erleben. Ich kann nur aus eigener Erfahrung sagen, es ist ein Wunder. Wie es in „Ein Kurs in Wundern" beschrieben ist. Ich darf es erleben.

Arbeite daran, deinen ersten Moment der Achtsamkeit zu erleben!

Danksagung

Am Ende dieses Buches möchte ich insbesondere meiner Frau und meinem Bruder danken. Ihr habt mich unendlich inspiriert und mir den Freiraum gegeben, um dieses Buch zu schreiben und ihr habt auch bei der Korrektur sowie der Revision mitgewirkt. Ich danke auch meinen Eltern, ohne die dieses Buch auch niemals zustande gekommen wäre. Meine Kindheit hat mich zu dem gemacht, der ich heute bin. Zum Schluss möchte ich Sandra Cammann danken, die dieses Buch lektoriert hat. Wenn ich mein eigenes Buch lese, fühle ich mich wohl und jedes Mal aufs Neue inspiriert. Ich habe dieses Buch für mich geschrieben. Für mich gilt dieser Weg als der richtige. Ich habe mich aber auch dazu entschlossen, das Buch zu veröffentlichen, um meine innersten Gedanken allen, die dieses Buch lesen, zugänglich zu machen. Wenn dir dieses Buch nur ein Lächeln abgewinnen konnte, habe ich das Ziel der Veröffentlichung erreicht.

Danke somit auch an alle Leser, die auf diesem Weg an meinem Leben teilhaben.

Über den Autor

Mein Name ist Eike Harms und ich bin in Hannover geboren. Der Lebensmittelpunkt ist meine Familie in Hildesheim. Ich arbeite als stellvertretender Geschäftsführer Vertrieb in Bremen.

Mit 13 Jahren habe ich mit dem Meditieren angefangen und seit 26 Jahren täglich weiter ausgebaut. Seit einigen Jahren beschäftige ich mich auch mit Literatur aus dem Bereich Meditation.

Als Gegenpol zum Geistigen, habe ich vor einigen Jahren das Laufen im Wald für mich entdeckt. Inzwischen darf ich mich sogar Ultramarathon-Läufer nennen.

Mein Lebensmotto ist Live-Balance und der Satz „Glück kann man lernen".